艺术设计专业手绘POP系列丛书

——国家商业美工师资格考试商业类命题教材

手绘POP
价格字体设计

王少华 编著

北京大学出版社
PEKING UNIVERSITY PRESS

内 容 简 介

本书是国家商业美工师资格考试商业类命题教材，由作者根据多年来的实践POP创意设计和教学中积累的经验，精心编写而成。本书系统介绍了手绘POP价格字体设计的基本理论、应用及其手绘POP价格字体设计的表现技法，使读者掌握手绘POP价格促销定位的表现方法与创造技巧，读者能通过具体的案例快速地进入到实际的工作中去，让读者学而有用，学而能用。本书包括版式变化及数字的应用、暖色调价格在牛奶行业中的应用、冷色调价格在不同行业中的应用、综合调子在促销的案例中的应用、空间感的笔差案例应用五部分内容。

本书可作为高等学校设计专业的教科书，又可作为初学者和从事商业手绘POP设计从业人员的参考用书。

图书在版编目(CIP)数据

手绘POP价格字体设计/王少华编著．—北京：北京大学出版社，2010.1
(艺术设计专业手绘POP系列丛书)
ISBN 978-7-301-16055-8

I. 手…　II. 王…　III. 广告—美术字—设计—教材　IV.J524.3

中国版本图书馆CIP数据核字 (2009) 第 197717 号

书　　名：手绘POP价格字体设计
著作责任者：王少华　编著
责 任 编 辑：孙　明
标 准 书 号：ISBN 978-7-301-16055-8/J・0265
出　版　者：北京大学出版社
地　　址：北京市海淀区成府路205号　100871
网　　址：http://www.pup.cn　http://www.pup6.cn
电　　话：邮购部 62752015　发行部 62750672　编辑部 62750667　出版部 62754962
电 子 邮 箱：pup_6@163.com
印　刷　者：北京大学印刷厂
发　行　者：北京大学出版社
经　销　者：新华书店
787 毫米 × 1092 毫米　16 开本　8.25 印张　183 千字
2010 年 1 月第 1 版　2012 年 1 月第 2 次印刷
定　　价：45.00 元

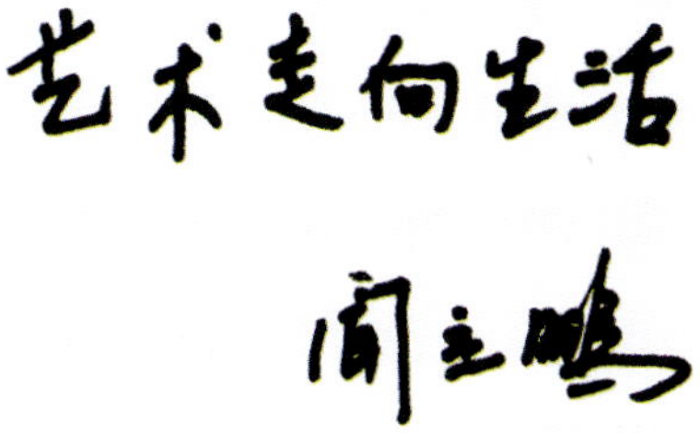
艺术走向生活
闻立鹏

中国油画学会副主席、著名油画家
为本书题词

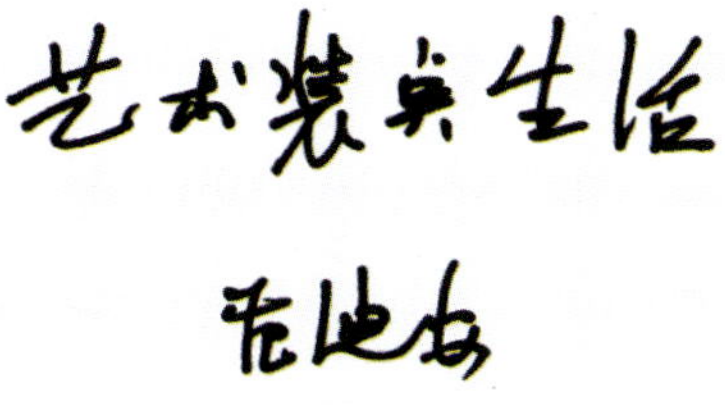
艺术装点生活
范迪安

中央美术学院副院长、著名美术评论家
为本书题词

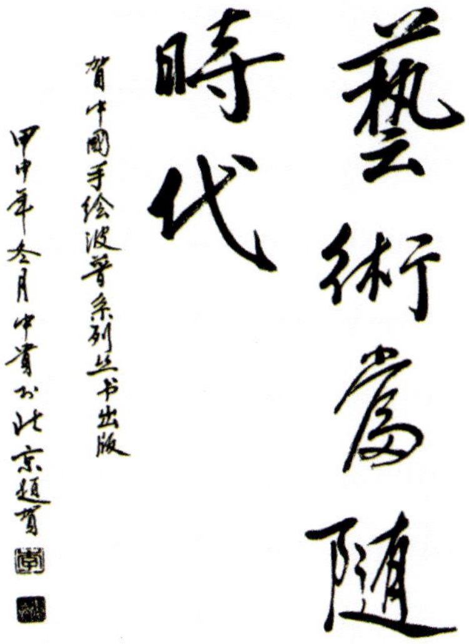
藝術當隨時代
賀中國手绘波普系列叢书出版

原中国美术家协会秘书长、著名国画家
为本书题词

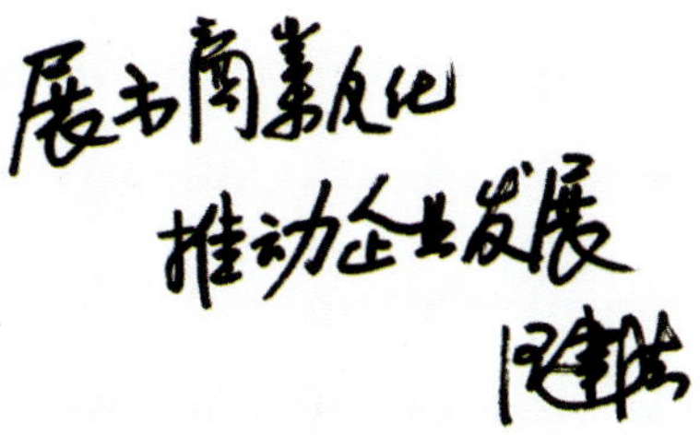
展示商業文化
推动企业发展

中华人民共和国文化部中国文化管理学会会长
为本书题词

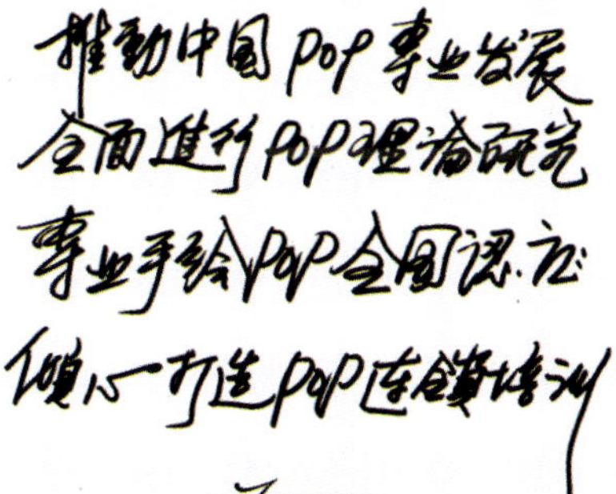
推动中国POP事业发展
全面进行POP理论研究
专业手绘POP全国课程
倾心打造POP连锁培训

中国台湾《企业家》杂志社社长
为本书题词

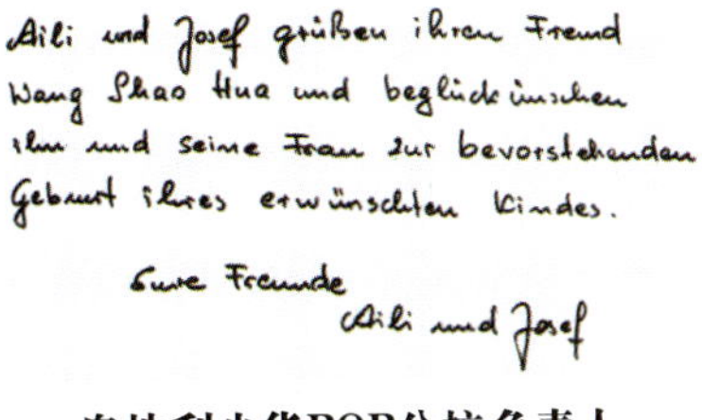
Aili und Josef grüßen ihren Freund
Wang Shao Hua und beglückwünschen
ihn und seine Frau zur bevorstehenden
Geburt ihres erwünschten Kindes.
Eure Freunde
Aili und Josef

奥地利少华POP分校负责人
为本书题词

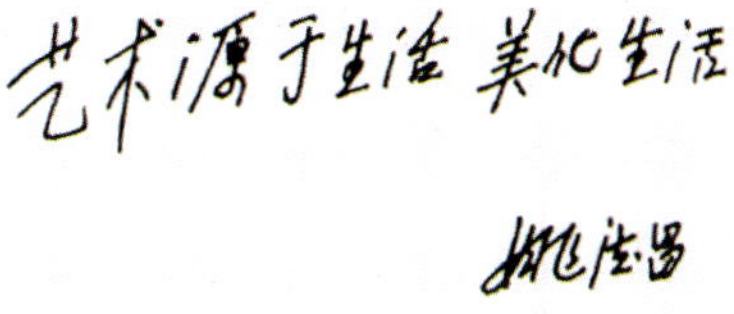
艺术源于生活 美化生活

中华人民共和国公安部根雕艺术家为本书题词

国家资格考证河南省考点部分学生与领导合影

国家资格考证考前命题讲座

2005年海龙杯首届IT手绘POP大赛开幕式嘉宾合影

本书作者现场示范作品

本书作者与奥地利负责人合影

本书作者与日本中川伟和南会长合作合影

日本公司企业内训结业合影

2008年暑期考前命题讲座

湖北武昌教学区培训基地师生合影

就业前强化训练

中国联通河南店长级别市场内训讲座

本书作者在中国联通公司现场示范作品

序　言

POP（Point of Purchase）广告，又称店内张贴海报，它通过色彩、图案、文字等手段，快速地向消费者传播不同商品之间的差异，从而突出商品的特征和优点，是直接面向店内顾客传播信息的“小众媒体”，能起到很好的宣传作用，是促进商品销售的广告之一。

POP自1993年进入中国市场以来，以其对比鲜明的色彩、灵活多变的造型、幽默夸张的图案、准确生动的语言，很快得到了市场的认可。在超市、卖场购物时人们所看到的门前促销展牌、展架、海报，店堂内的价格牌等广告，都是通过手绘POP方式进行展现而吸引消费者的。手绘POP广告所营造的强烈热销氛围不仅能够吸引消费者的视线，而且能刺激消费者的购买冲动；这种独特的促销手段，逐渐成为厂商在各大媒体对企业或产品宣传的又一补充，从而令消费者对其商品印象深刻，最终促成购买行动，因此也很快得到了厂商和企业的肯定，同时，市场对POP手绘商业美工人才的需求量也随之急剧增加。

商业意识孕育了手绘POP，手绘POP结合了人文艺术，成为一种专门艺术。从专业角度讲，它已是一门学科。国家人力资源和社会保障部认证的国家商业美工师职业资格已将手绘POP作为主要考试项目，现在有不少高校也开始开设相关课程。

诉求与定位

在商业类市场POP命题考试中，提到POP的诉求点和定位的确切含义是什么时，很多读者往往莫衷一是，认为诉求就是定位，定位就是诉求。其实，诉求是指站在消费者的立场上，理解商品的属性和消费群体的导向，而在此基础上美工师可以根据价格差和产地的不同进行消费人群锁定，此即为定位。二者是站在不同的角度上来看待同一个问题，POP美工师创作的POP作品是二者的一个桥梁。定位是美工师在诉求的基础上，经过观察市场，了解商圈及消费周期后作出的判断。

感性POP特点

感性就是消费心理的消费感觉，是瞬间因消费刺激产生消费冲动从而做出的一系列进行购买及消费的心理反应。在POP中，感性定位主要包括以品名及品牌为主导的主标题感性定位，以诱导进行话语引导的广告语定位，在节假日等促销打折产生的以价格波动为主导的感性定位，以时尚流行及“另类”而进行的插图感性定位，还有商家为进一步宣传本公司商品而进行的商品边框印刷免费赠送空白POP的边框感性定位等。

理性POP定位特点

理性是感性活动吸引消费者因消费刺激而产生兴奋及购买冲动的同时对商品的更进一步关注。理性定位更偏重于对企业品牌及形象的知名度认可。一笔成形POP字体、斩刀体、胖胖字、卡通字都是在感性的基础上，更趋于对商品的特征进行实事求是宣传的一系列活动，从而促进交易的达成。

韵律为主的POP定位

韵律为主表现在主标题的版式变化，正文也因随商品的特点而作出的字体创意。它的特点是增强商品和消费者的亲和力，缩小二者间的距离感，从而增强消费者的购买欲。

POP骨架构成

在POP海报商业应用中，POP骨架构成就是POP的六大构成部分。而在六大构成部分中，标题的大小、版式的合理布局、色彩的前进与后退、画面空间的组织和分割是在熟练掌握的基础上，进一步完善和提高的阶段，为最后营销卖场定位、业绩的提高建起一座POP的桥梁。

综合类

在以上的应用基础上，综合类所展示的艺术表现风格和特点是多样化的，更有助于读者去琢磨和演练。它是前面章节的升华，也是对由艺术到商业、由商业转向艺术的有力推动。

相信大家必定会临有所得，摹有所悟！

前　言

在实际的手绘POP促销应用中，价格字体设计是POP营销中最直接的表达方式。其通过折扣、买一送一、惊爆价、原价、特价等一系列的价格差，进行直观的视觉表达。同时，价格字体设计也是市场销售中最显著的营销法宝。

在价格字体的数字字体设计上，以同色调的不同视觉表达、不同色调的色差对比和数字的位置变化来突出价格的比值，这些也是价格字体设计的重要元素。在数字字体的应用上，既不能违背数字的书写规范，又不能偏离审美的视觉阅读习惯和书法书写规律。所以不同笔材和笔法就成为创意字体应用条件，多以正楷、老宋、新宋为大纲根据来进行设计变化，从而设计出POP正楷、POP老宋和POP新宋。总之，要以艺术源于生活、艺术服务生活为字体设计的宗旨。

数字价格字体在实际的手绘POP应用中，其版式的统一、笔材的统一、错位比差变化、色彩的不同季节调配、视觉上的阅读顺序等是企业规范及整体统一的前提。只有统一规范，静中求动、动静结合才是字体设计的灵魂所在，也是商业运用中的不成文规定。

价格字体设计的艺术应用更偏重理性和规范。在以笔材特点、书写速度、时间限制的前提下，要保证价格字体更加明快、自然。只有蕴含企业文化、适合市场行业需求的字体设计才是最好的设计。

目录

6

河南省赛区
5000
2000
1000

特价
899

POP
卡通人物画
650

第一篇 版式变化及数字的应用

手绘POP

概述

手绘POP作品在营销诉求上，要想符合中国消费者的消费习惯，就要从POP设计中的八大版式及数字的应用促销中，创造出一套行之有效的行业应用模版。这对大学生而言，是迅速和市场接轨的最具实用性的应用指导，又是促销人员的定位选择依据，也是POP市场营销的基础课程。

1. 老宋字体左上方构图

视觉引导式的价格诉求

价格为主的左上方老宋字体标题应用

图文并茂式的无彩色运用

插图对标题的诉求

视觉引导诉求

2. 新宋字体右上方构图

插图的直观诉求

家用式“魔”版应用

诱惑式的价格诉求

视觉传达式的价格诉求

欣赏美插图诉求

3. POP字体左上方构图

诱惑式的价格诉求

动态诉求价格定位

视觉引导价格定位

连动式诉求

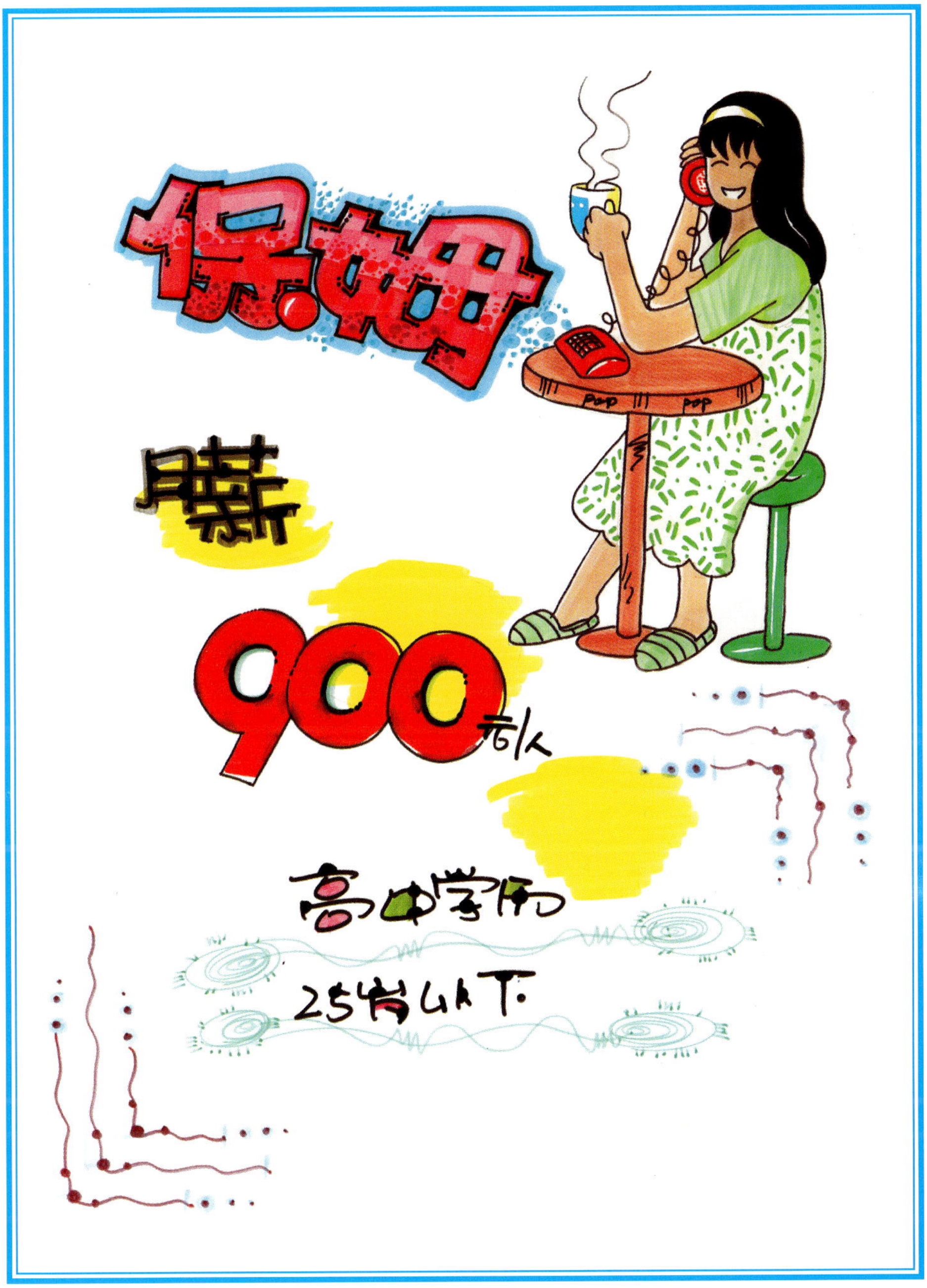

直观性诉求

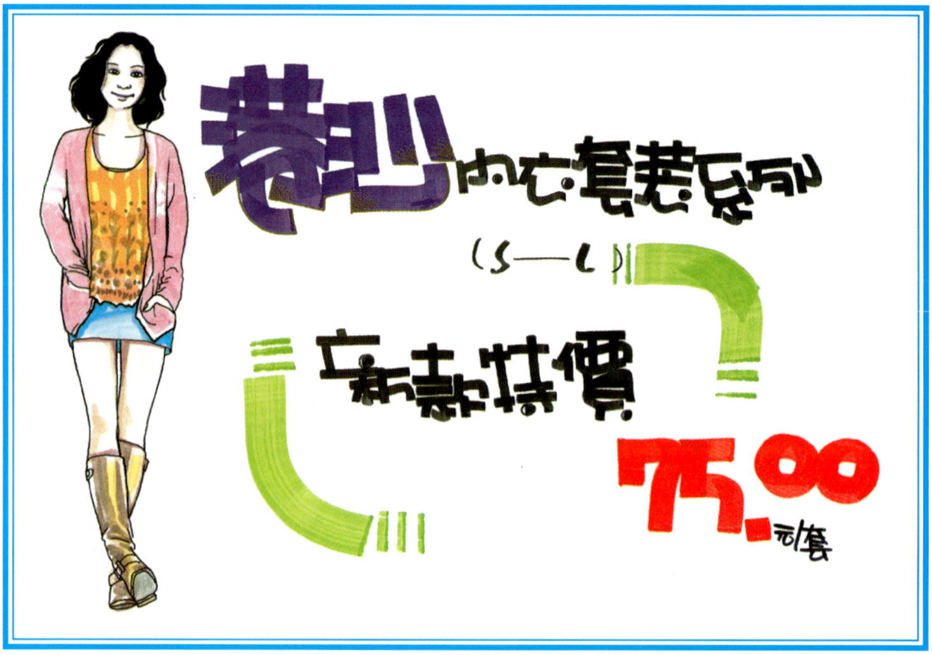

呼应式价格诉求

4．POP字体右上方构图

● 直观性插图诉求

● 插图和价格的混合应用

160
牵手店
免费提供时尚化妆
送24寸时尚海报一幅
送12寸帕拉娜一幅
送7寸台式水晶一幅
送专业相册一本

图文的插图诉求

视觉引导价格诉求

直观式的价格诉求

5. POP字体右下方构图

● 呼应与对比

● 统一版式型广告语诉求

主标题定位

呼应式广告语定位

空间层次的广告语定位

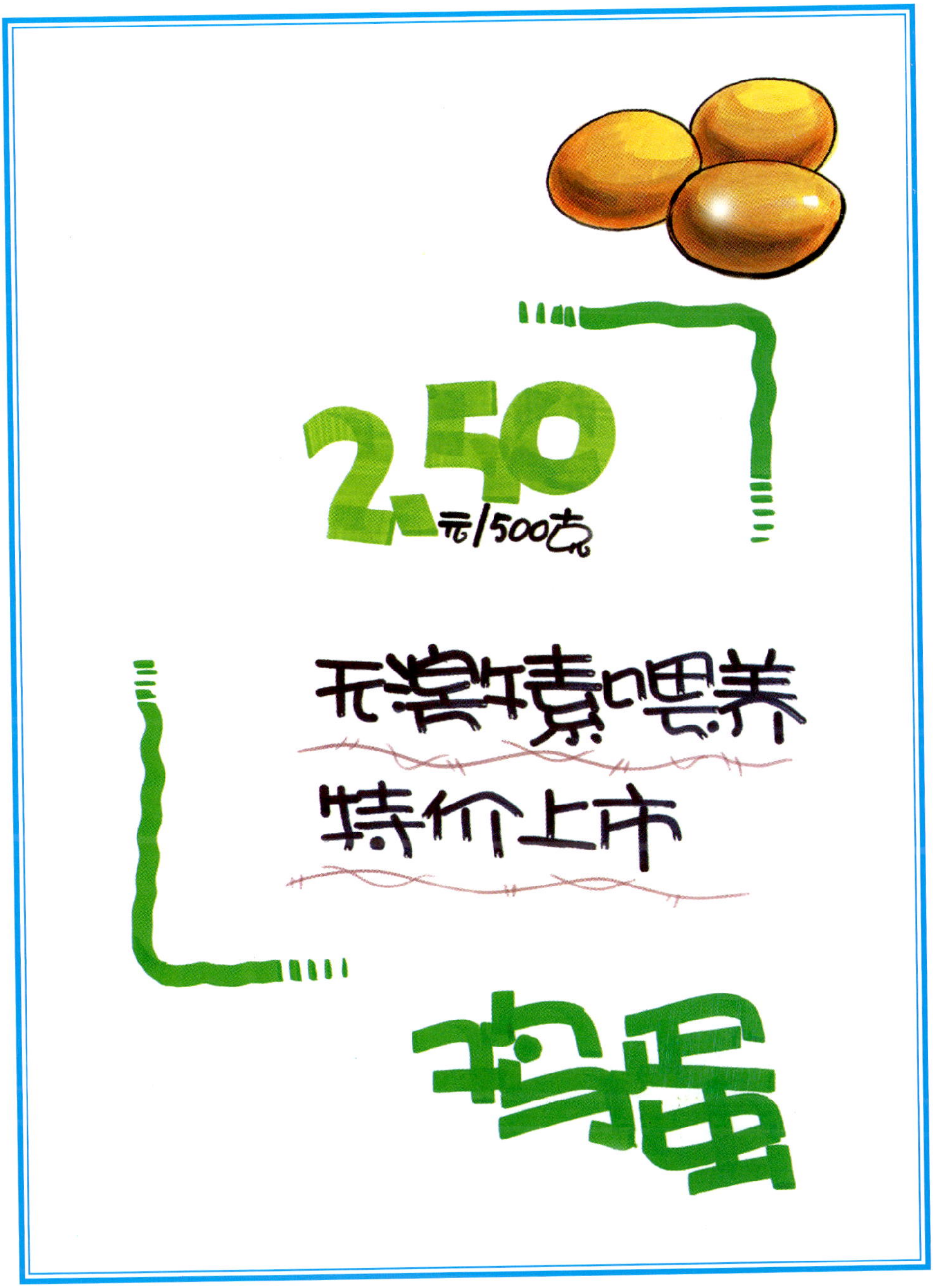

环保色的应用及插图定位

互补型广告语定位

呼应式对称构图

展示式广告语诉求

● 对比式价格诉求

第二篇 暖色调价格在牛奶行业中的应用

手绘POP

概述

传统牛奶行业的POP促销，主要是以冷色调为应用主导，而暖色调为主的促销也是市场筛选的结果所致，如本节中反传统的季节促销、环境促销、气氛销售促销、VI识别促销和原料的定位主导促销等都是打破传统POP的营销模式的实战经典案例作品。

1．促销正楷字体左上方的应用

插图诉求一

主标题诉求

图文并茂式价格诉求

插图诉求二

图对价格诉求

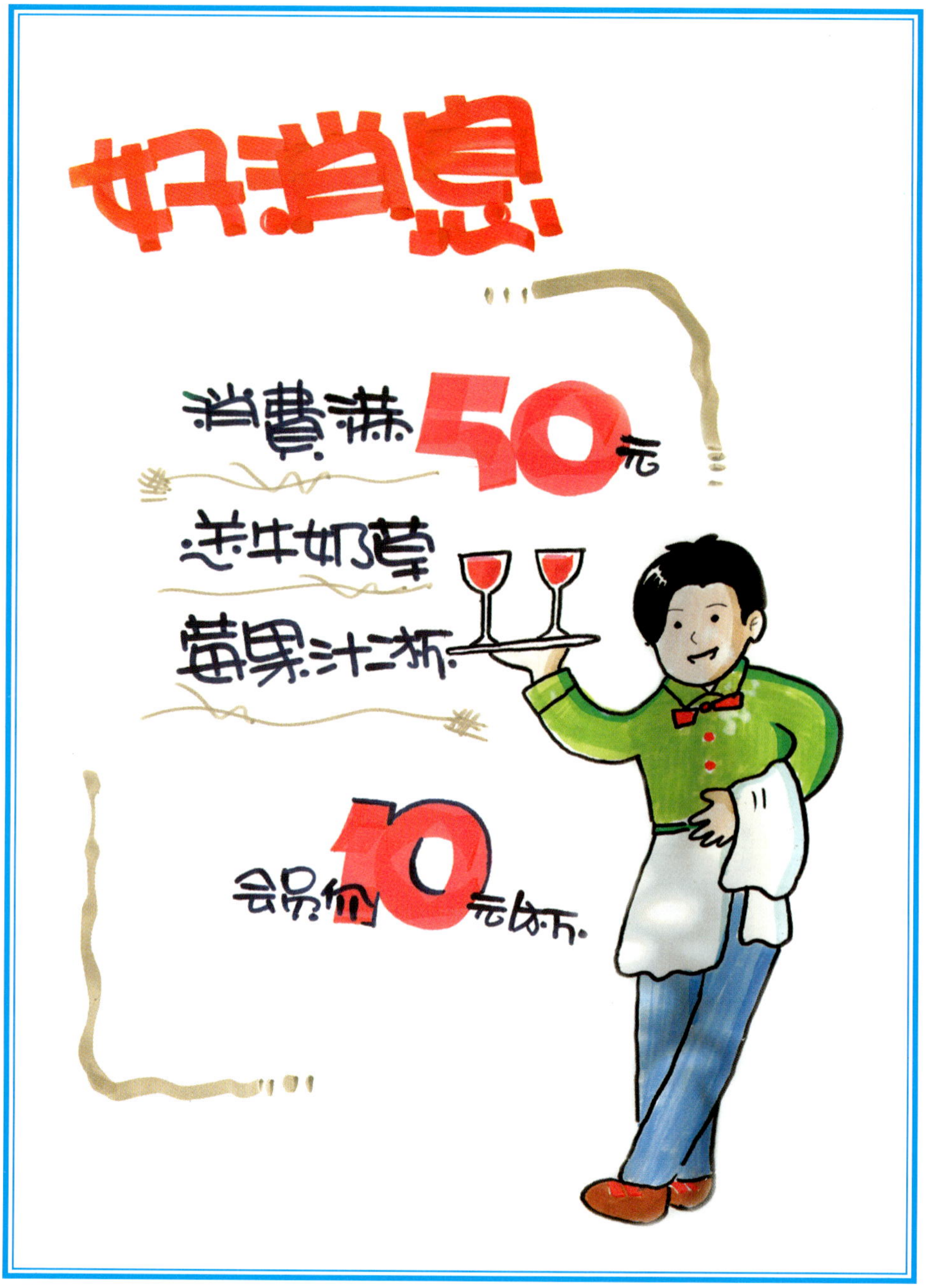
好消息
消費滿50元
送牛奶草
莓果汁二杯
会员价10元/杯

插图诉求三

2. 实战应用新宋正楷字体右上方的应用

三角型构图与应用

边框对价格诉求

插图对标题诉求

呼应式的插图诉求

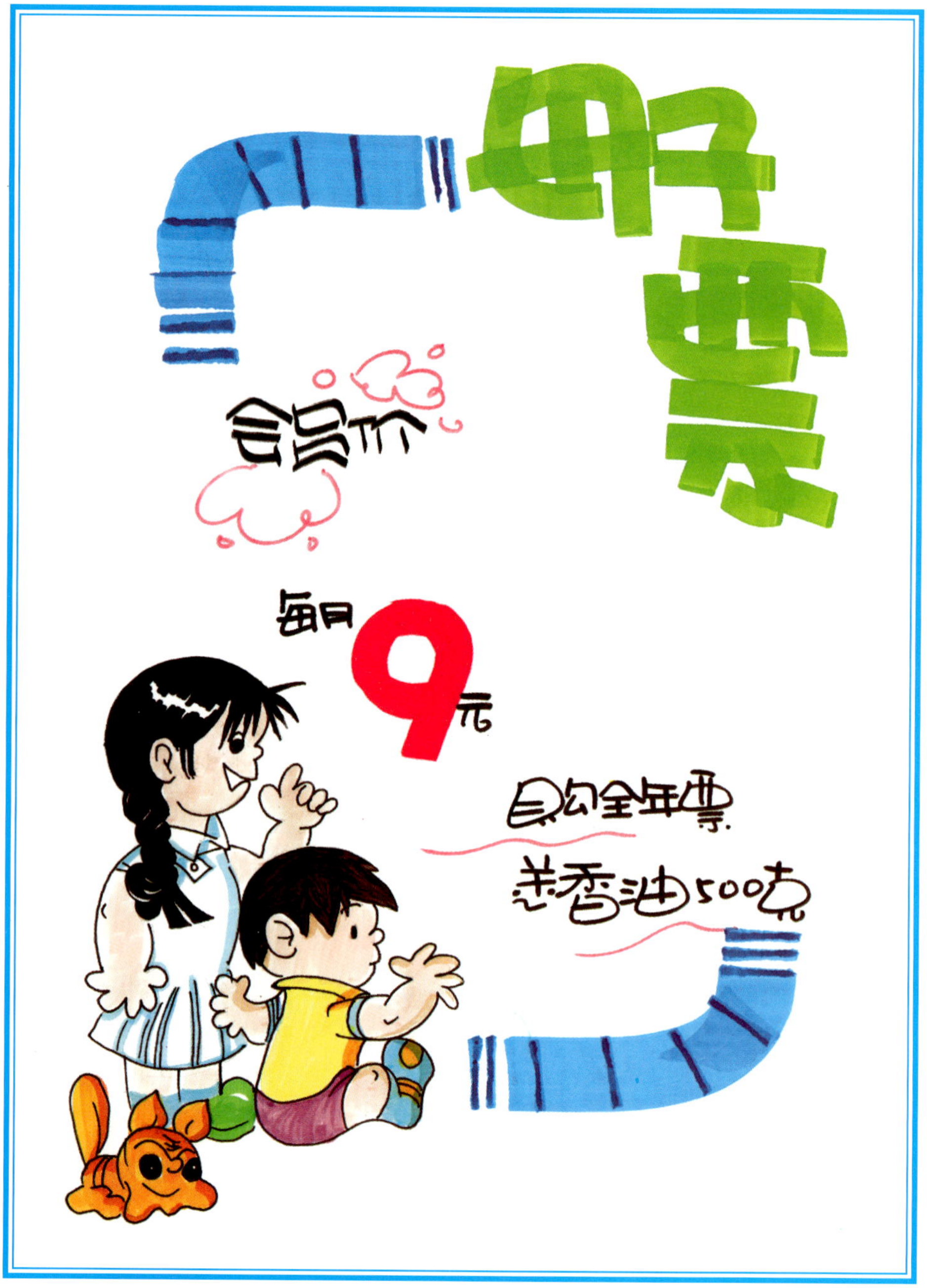
好票
会员价
每月
9元
购全年票
送香油500克

动态为主插图诉求

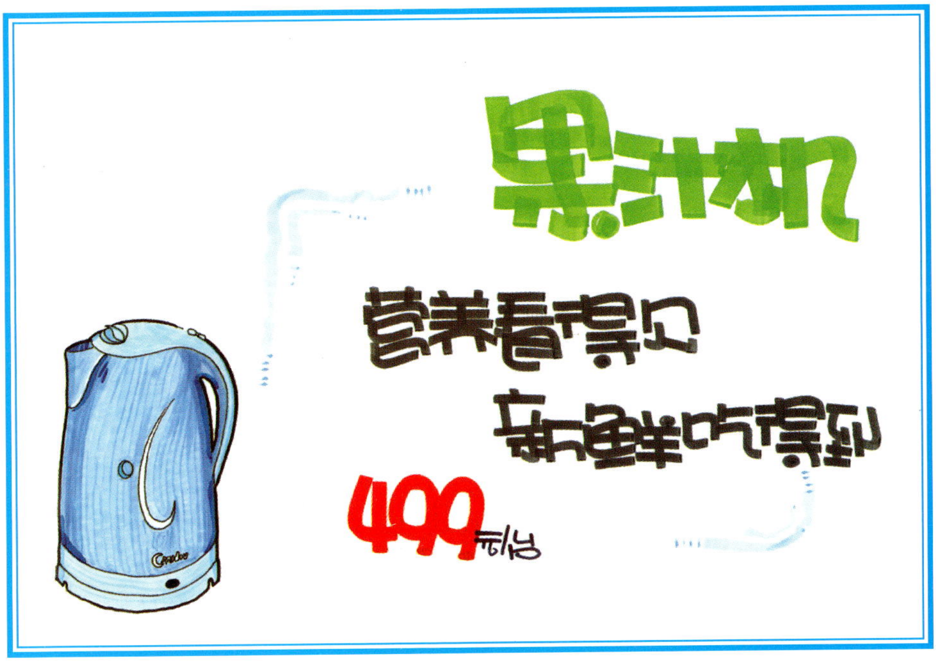
果汁机
营养看得见
新鲜吃得到
499元/台

价格诉求

3. POP字体在左下方的应用

美丽看得见
57
舒适感觉得到

联想式价格诉求

08级新生
团体报到统一

指示型插图诉求

冷暖灰的强对比价格诉求

视觉引导广告语定位

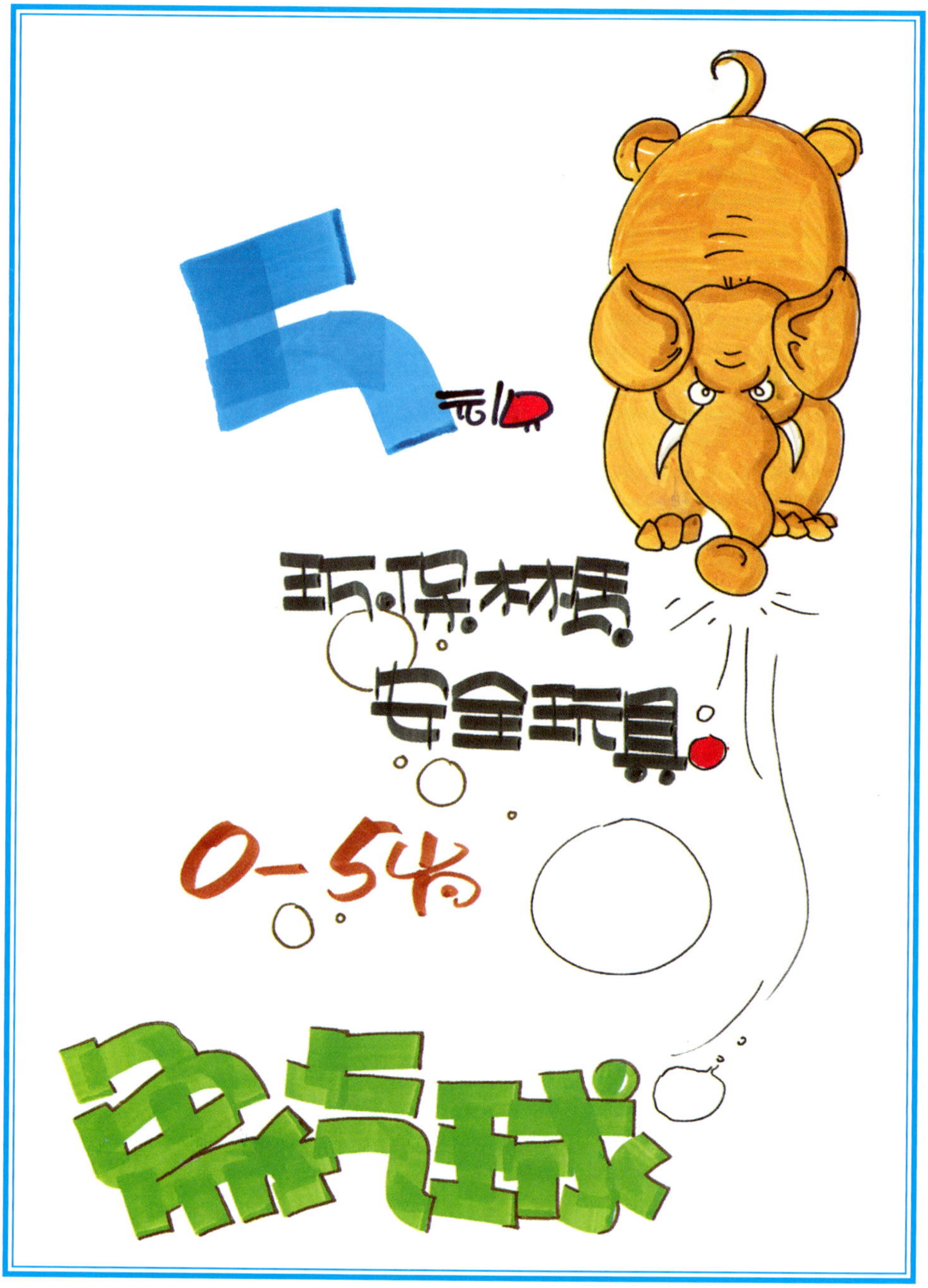

广告语为主的标题定位

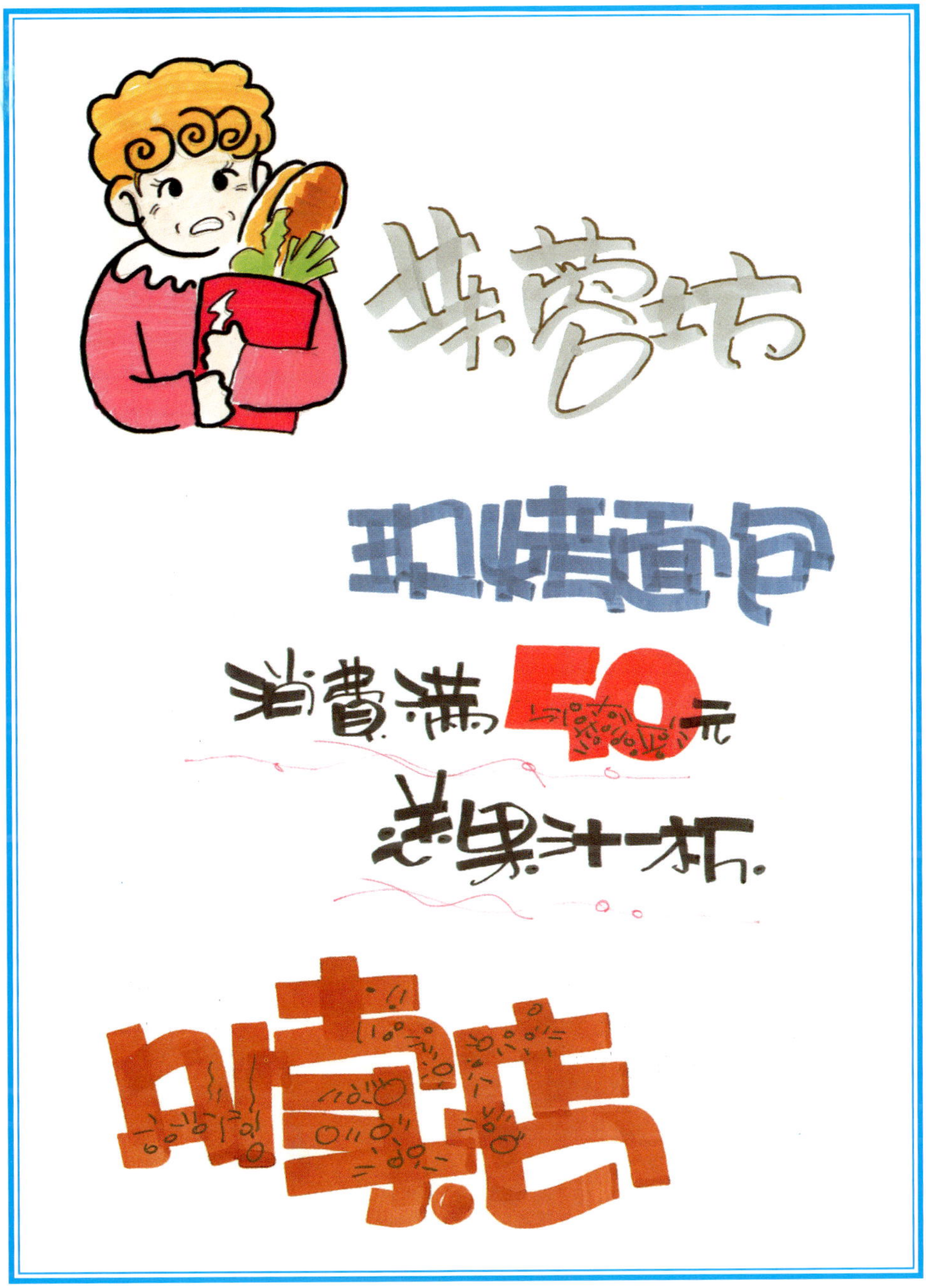
现烤面包
消費滿50元
送果汁一杯

插图对标题的诉求

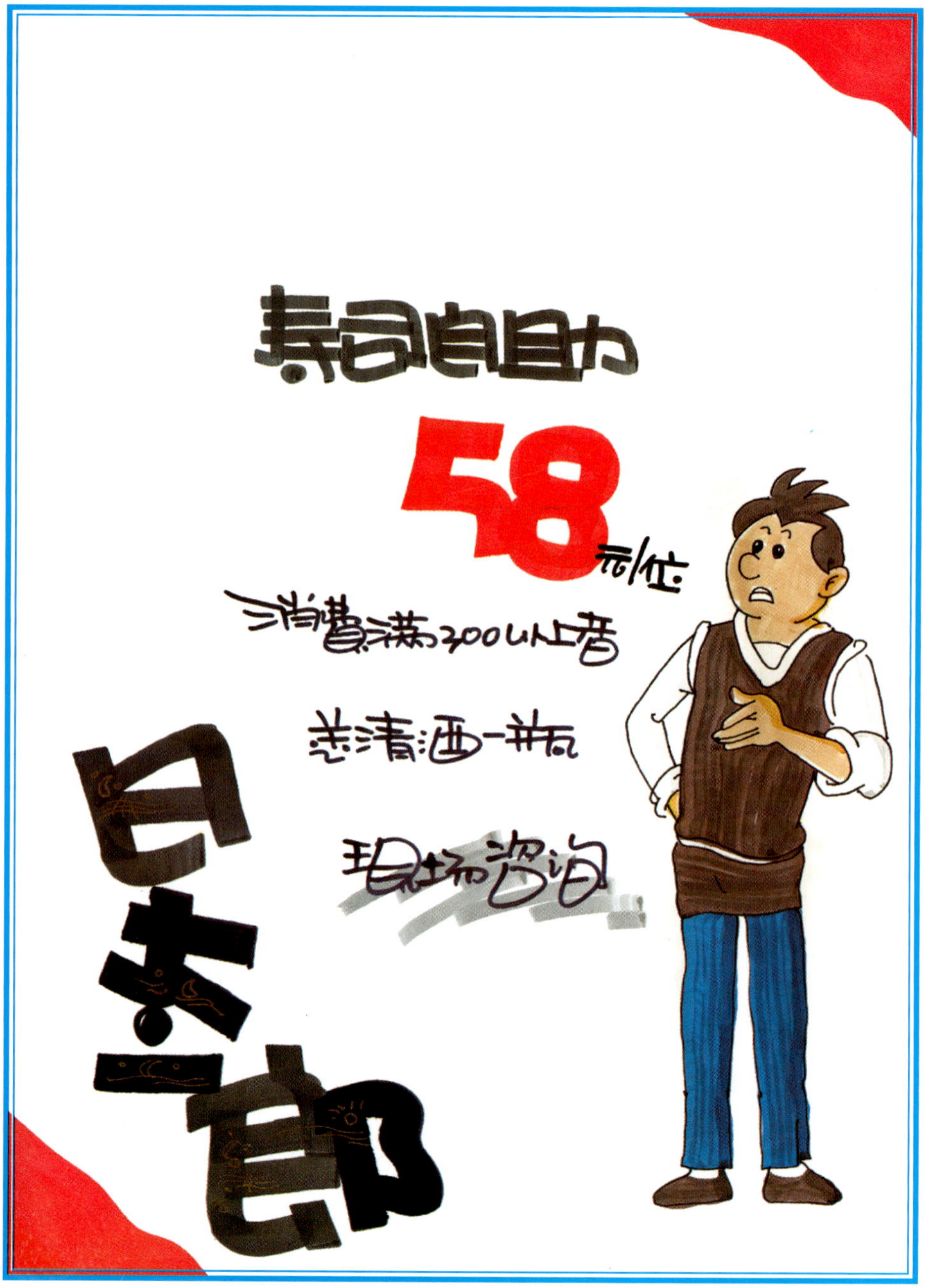
寿司自助
58元/位
消费满300以上者
送清酒一瓶
现场咨询

视觉引导价格定位

4. POP字体在右下方的应用

● 对比衬托的价格诉求

● 对比引导诉求

标题与价格的呼应诉求

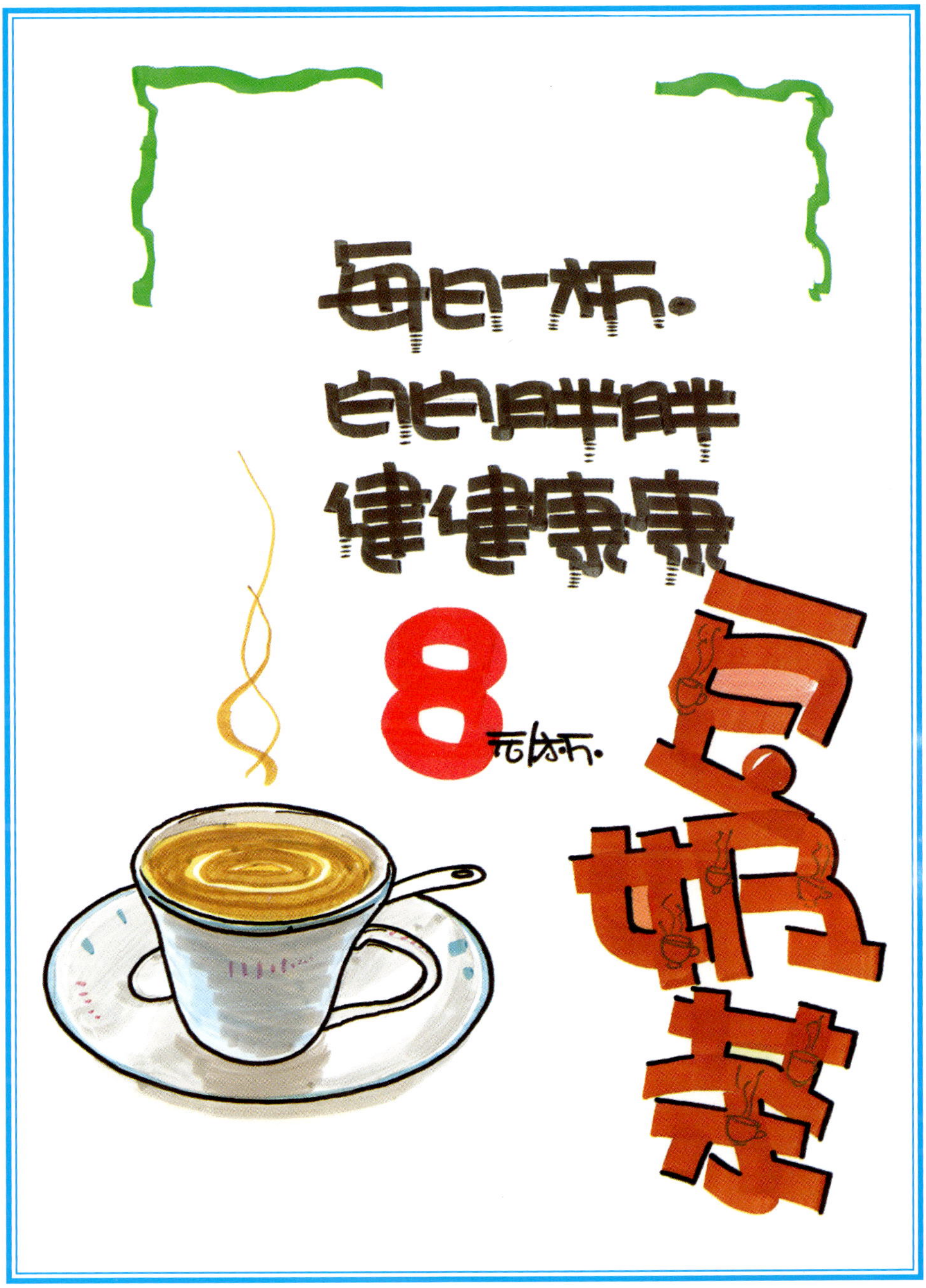
每日一杯·
白白胖胖
健健康康
8
元/杯·
豆奶茶

插图诉求四

视觉引导诉求

第三篇 冷色调价格
在不同行业中的应用

手绘POP

概述

在设计手绘POP作品时，要充分考虑到季节的变化因素，如根据“冬暖夏凉”等因素去选择创作的色彩；要根据消费者的消费心理进行设计定位，如根据不同个性与特色的人群，将反传统的色彩运用在个性店和特色店的POP作品中等。在手绘POP作品中，合理的色调运用会对商品起到很好的宣传作用，这也正是美工师对反传统的个性店的运营原则的合理把握。

1. 蔬菜类的不同定位展示

插图诉求一

价格诉求一

插图诉求二

插图价格呼应诉求

价格诉求二

标题与价格呼应式诉求

呼应式构图与价格诉求

价格诉求三

超市应用价格诉求

图文并茂价格诉求

价格诉求四

2. 器皿的版式与构图的定位

价格定位

对比调合插图诉求

三角型构图与定位

价格诉求五

插图诉求三

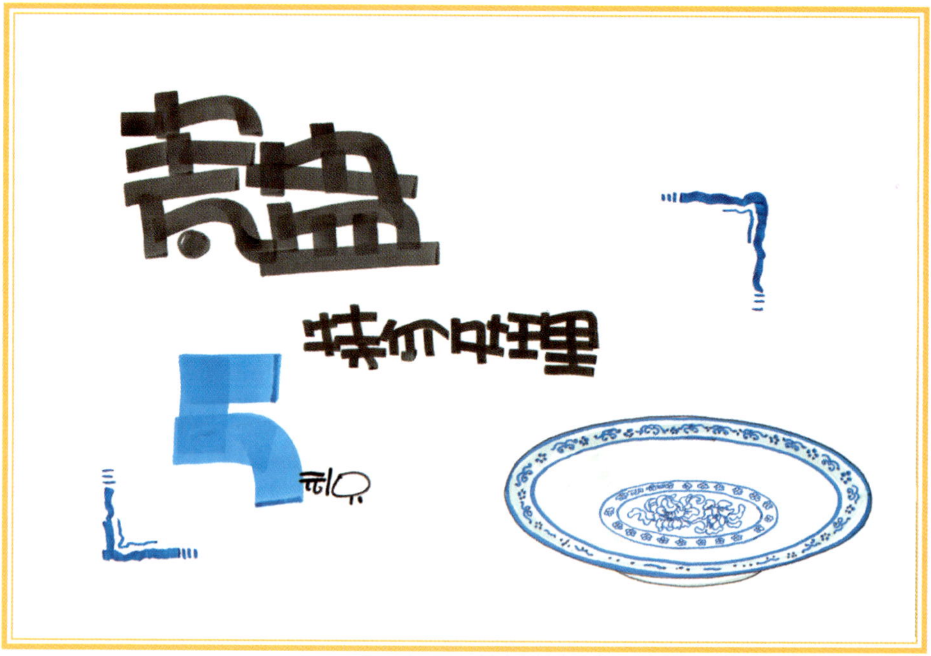

价格诉求六

对比衬托

对比为主的价格诉求

对比与调合

标题与价格互补诉求

3. 实用综合类的分割与组合定位

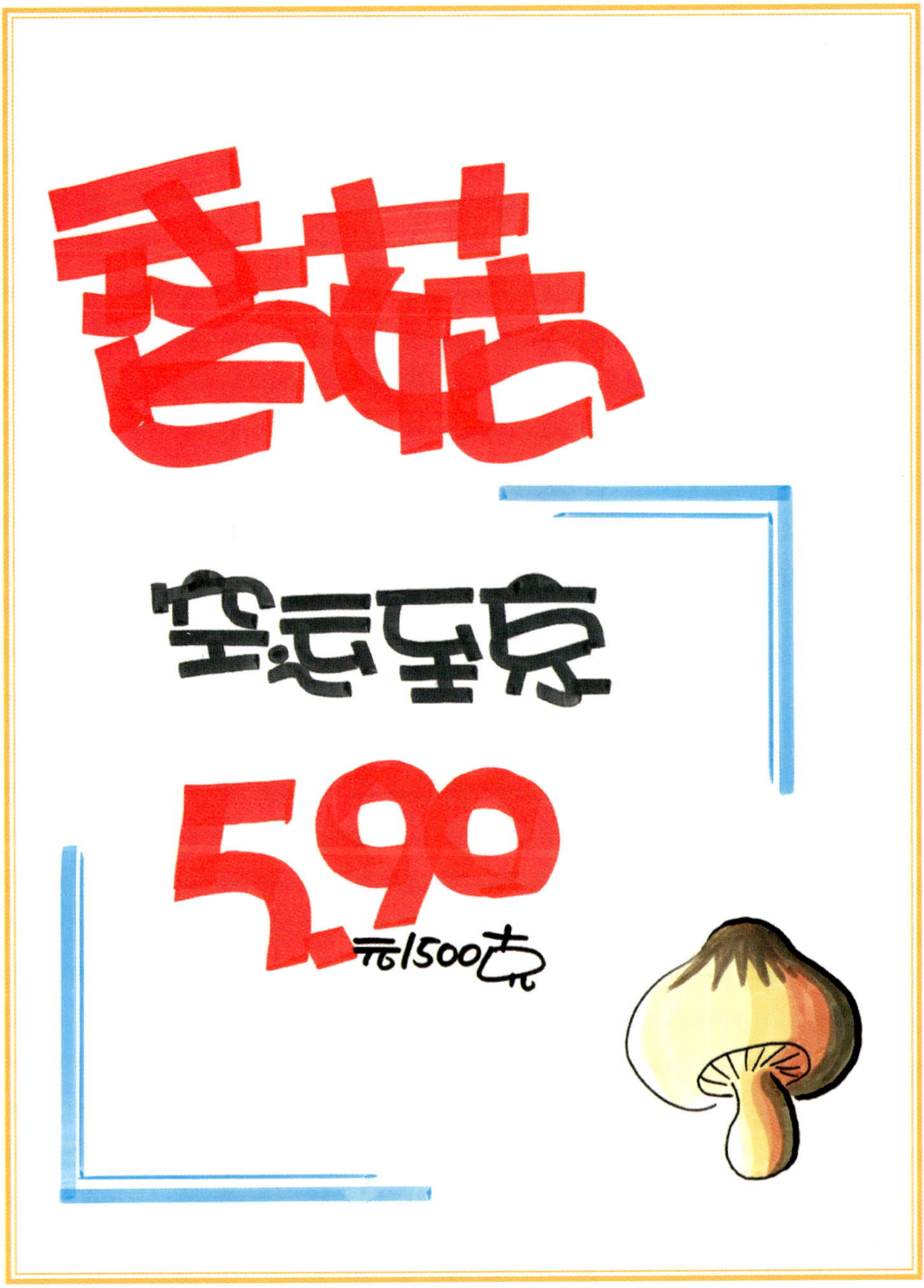

插图定位诉求

主标题诉求

价格定位

互补定位诉求

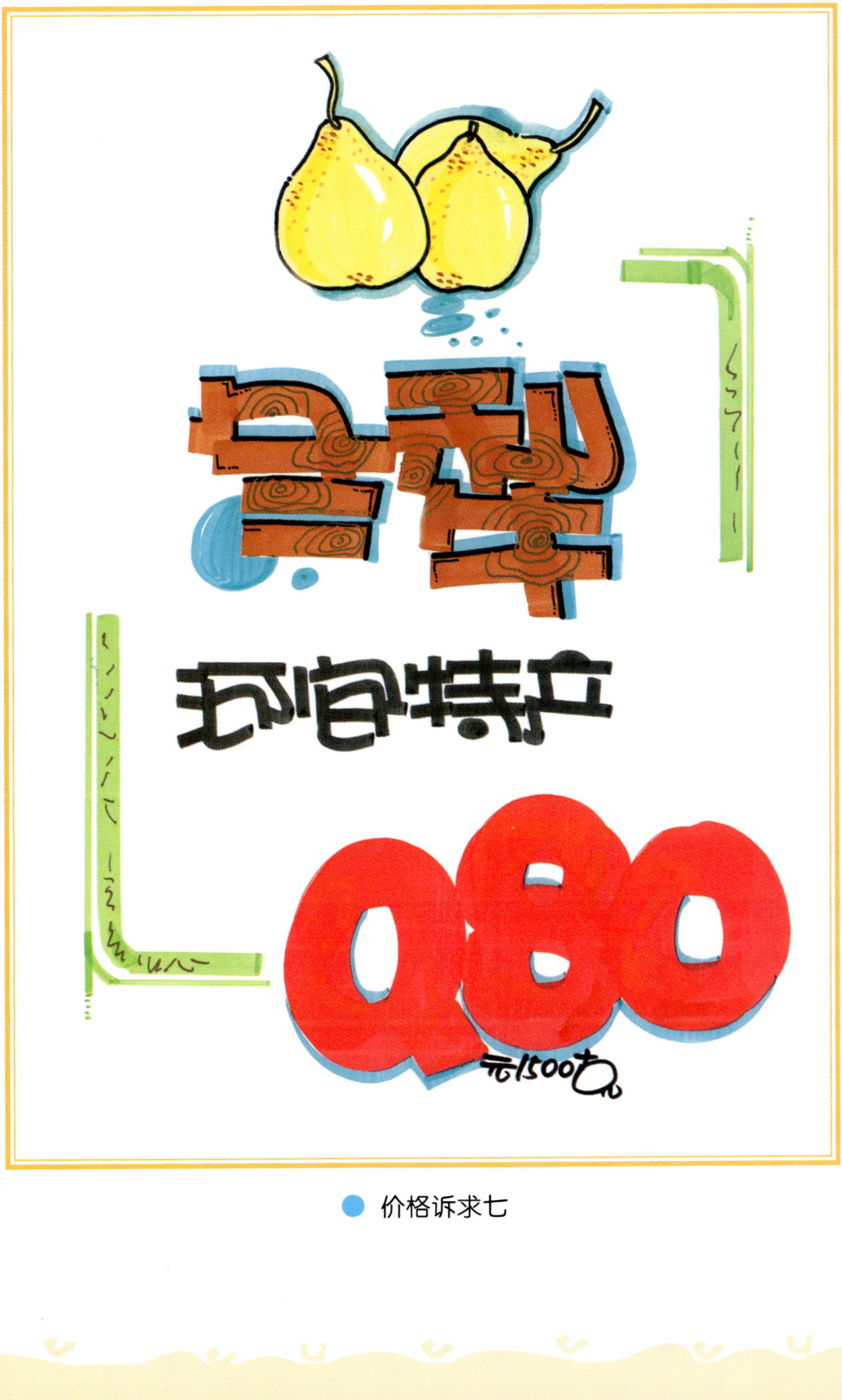

价格诉求七

空间布局价格诉求

价格诉求八

插图对价格的诉求

插图标题互补应用

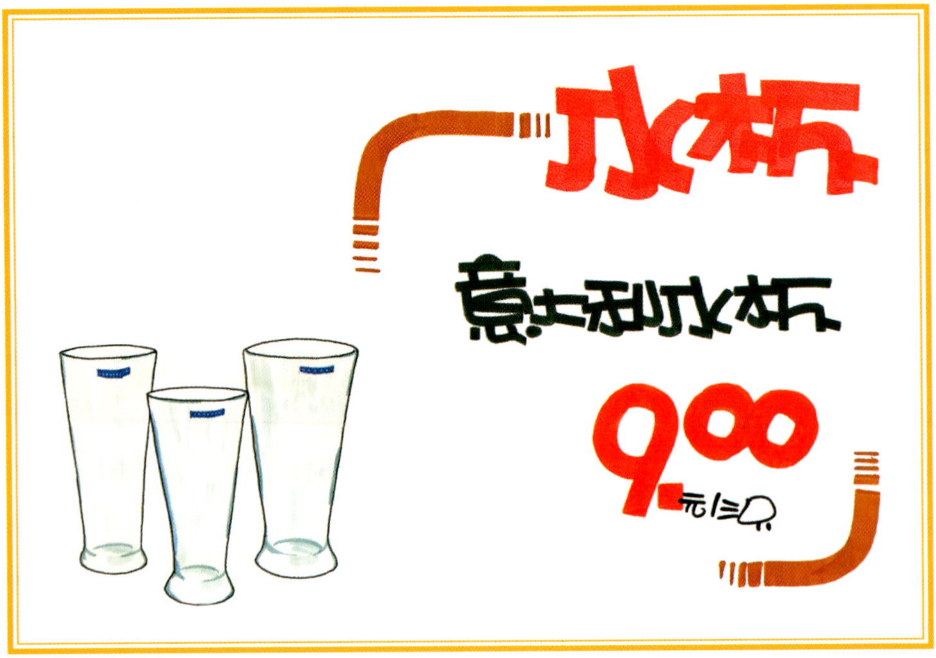

价格对标题的诉求

第四篇 综合调子在促销案例中的应用

概述

在销售卖场中，美工师都应有自己的明确定位，其定位主要分为：分类促销定位和气氛促销定位。针对这两种定位，美工师在创作时在用色和用笔上都应有针对性地选择，如个性化特别明显和产品相对统一的厂家的产品，就应注重统一性，以保证整体的和谐。

1. 手机家电行业通用型诉求

插图诉求一

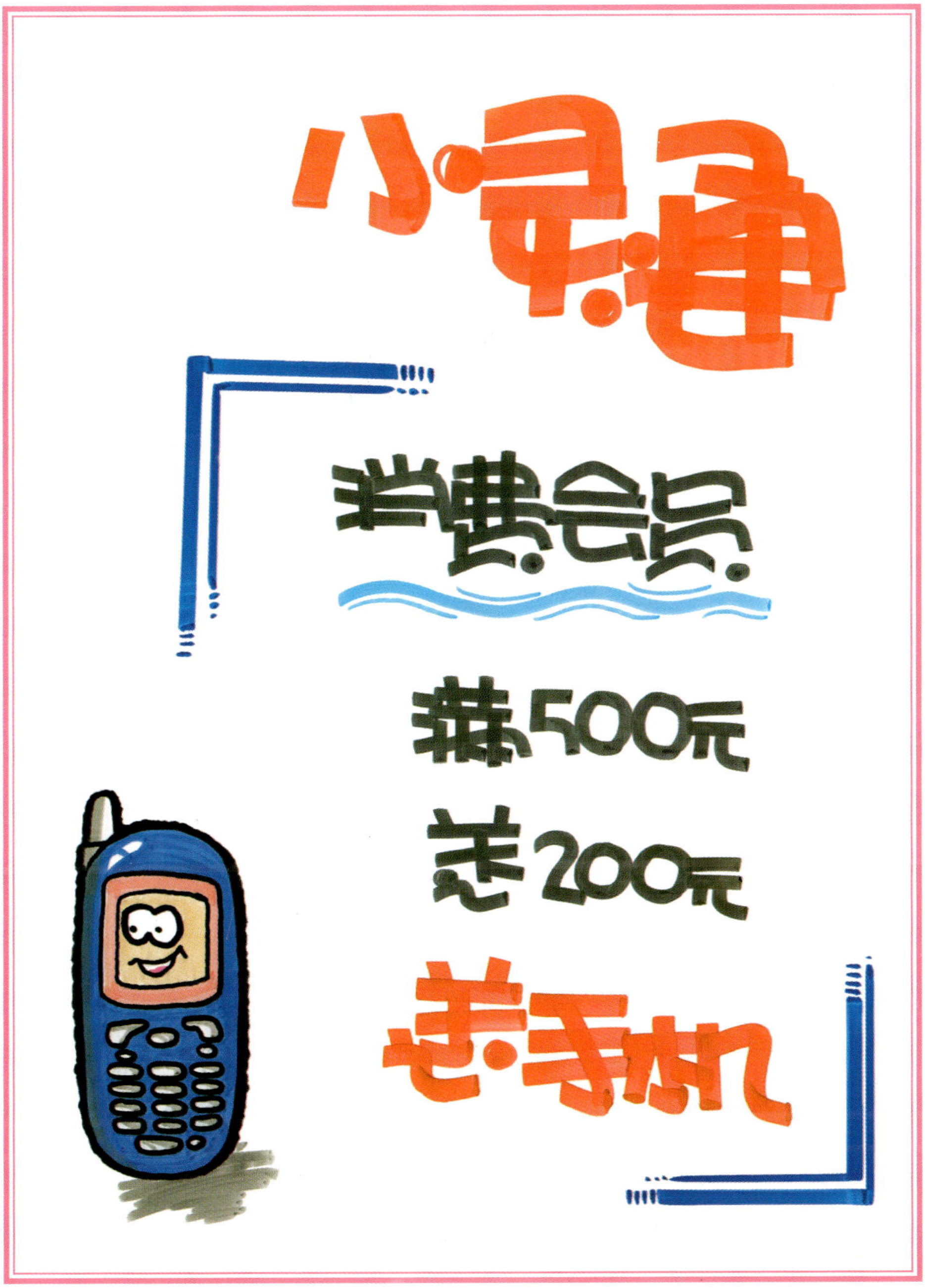
小灵通
消费会员
满500元
送200元
送手机

插图诉求二

标题诉求

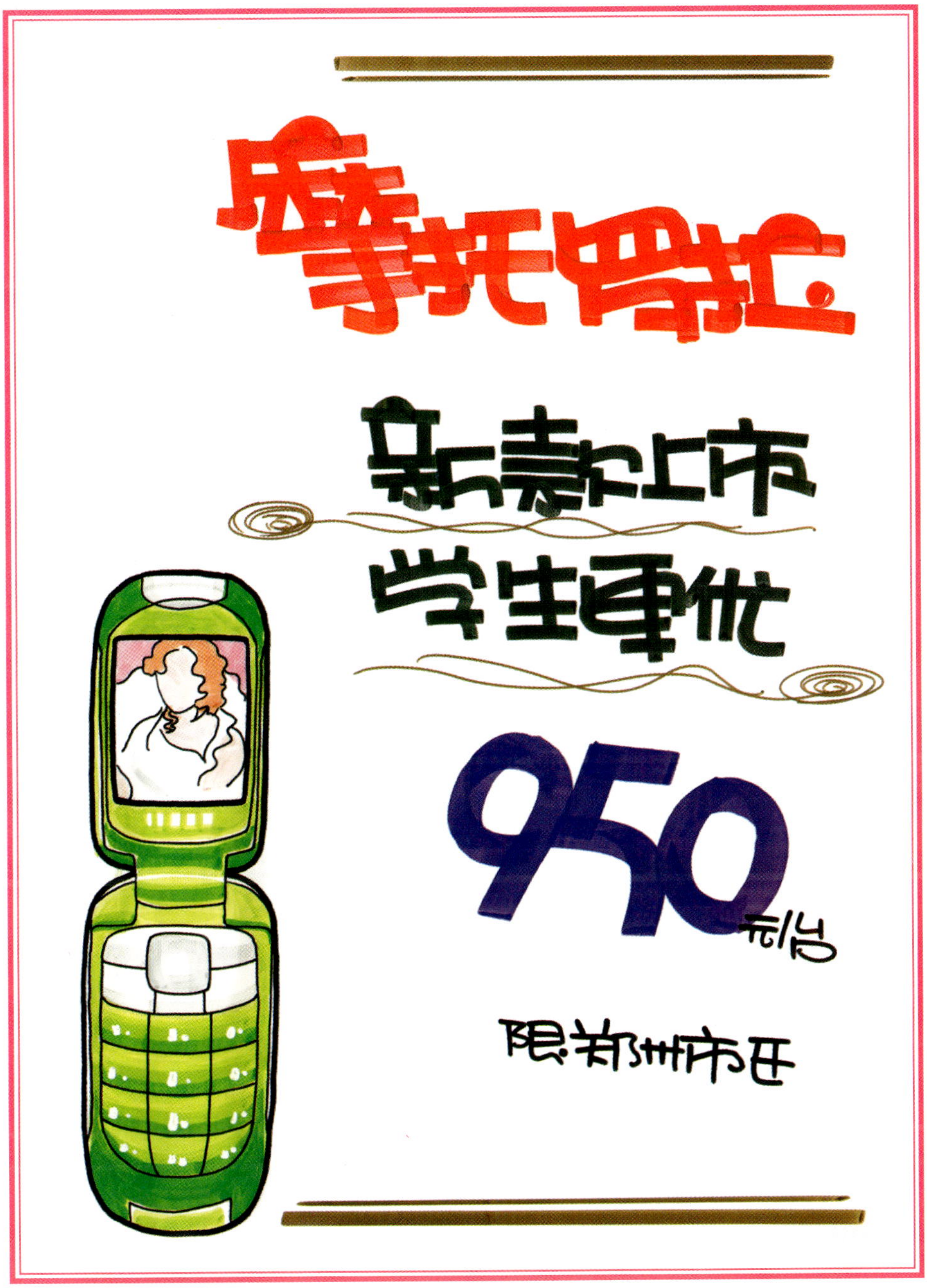
摩托罗拉
新款上市
950
元/台
限郑州市区

插图诉求三

插图诉求四

图文并茂式的价格诉求一

2. 招聘类的版式变化及创意

图文并茂价格诉求二

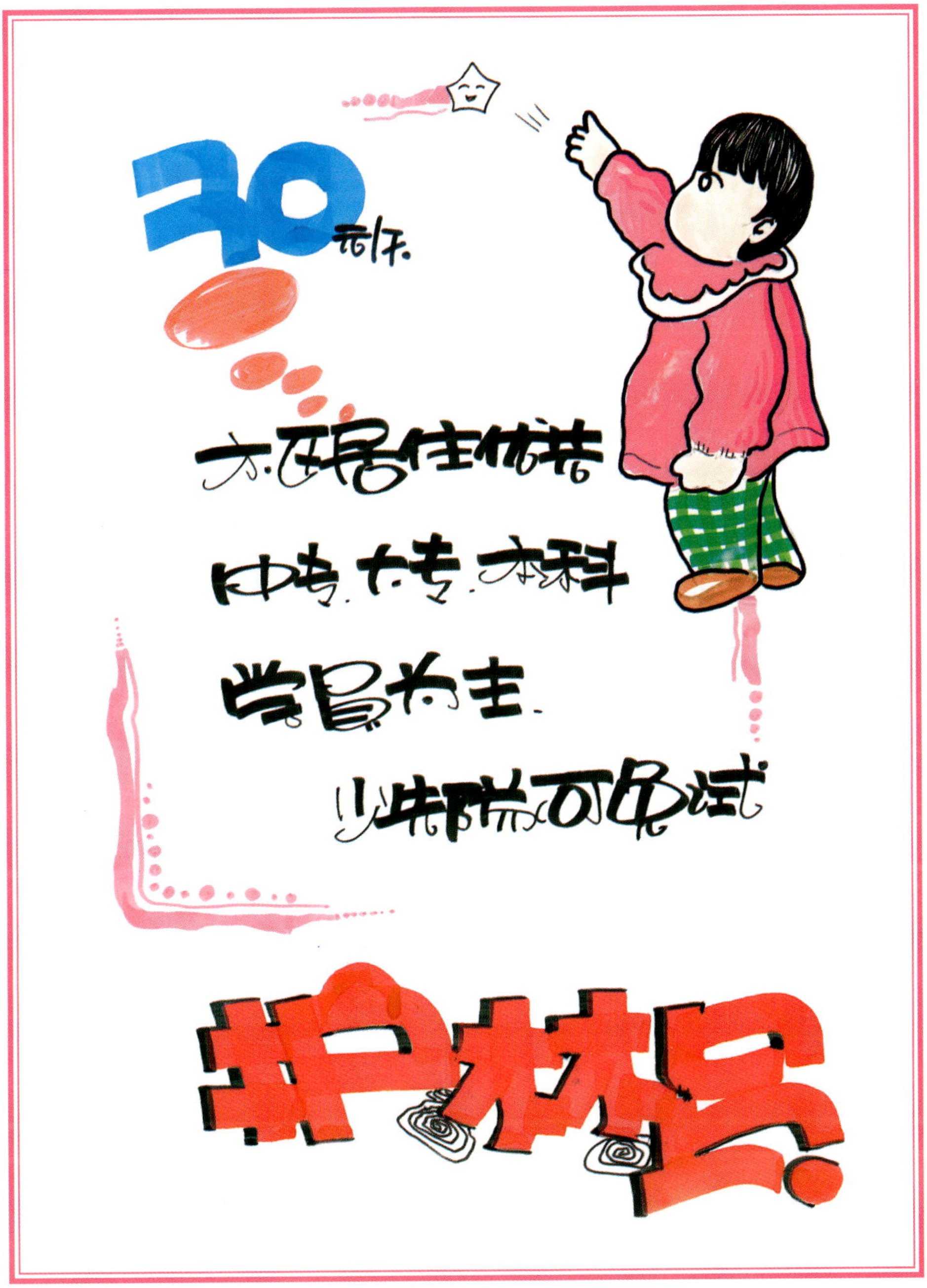
30元/天
中专.大专.本科
学员为主.
少数民族可面试
护林员

招聘类图对标题的诉求

指标引导型诉求

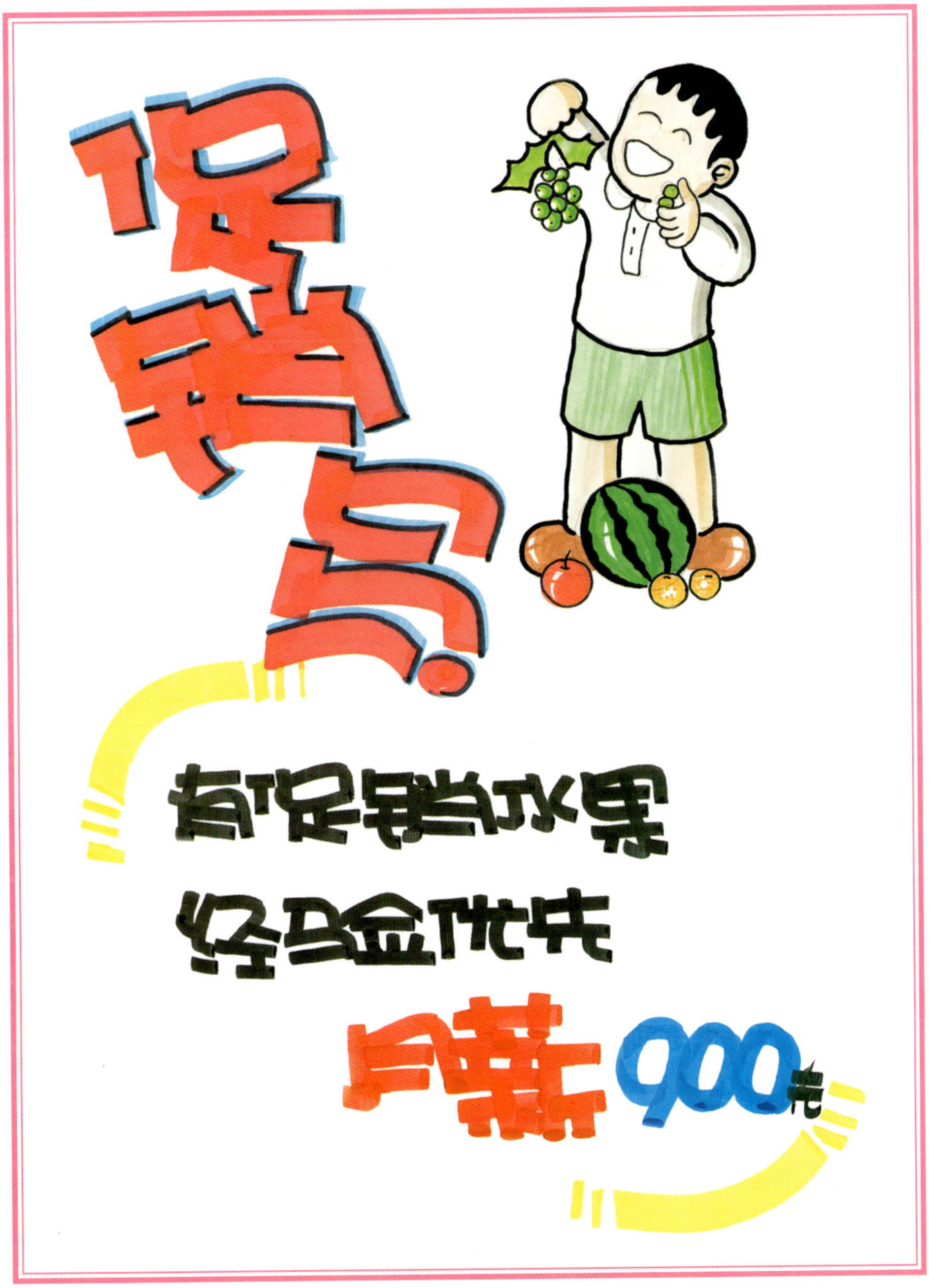
促销员
有促销水果
经验优先
月薪900元

● 图文并茂式的标题诉求

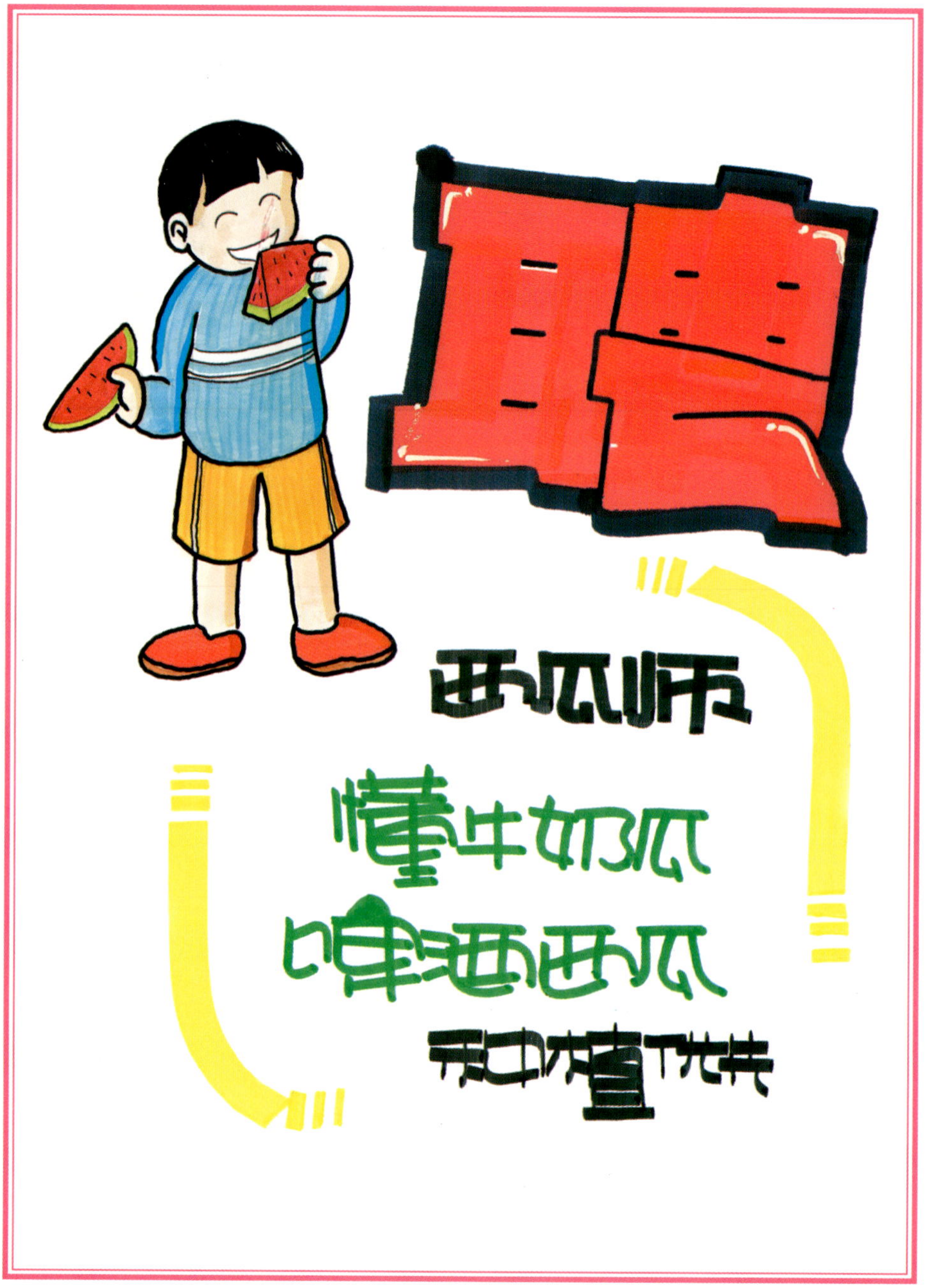
聘
西瓜师
懂牛奶瓜
啤酒西瓜
种植优先

直观式广告语诉求

插图诉求五

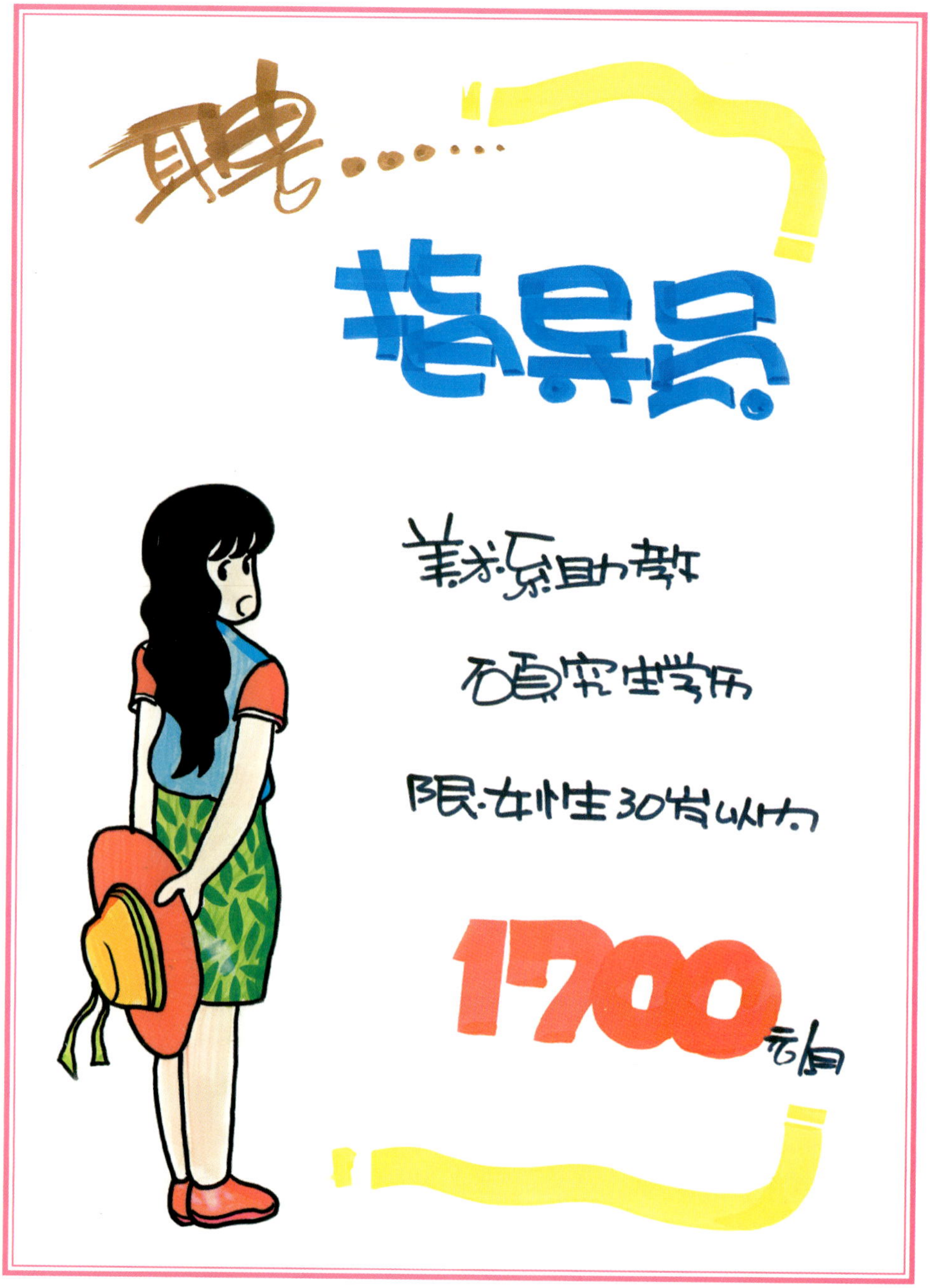
聘……
指导员。
美术系助教
硕究生学历
限·女性30岁以内
1700元/月

价格与视觉引导诉求

3. 指示类的版式变化及应用

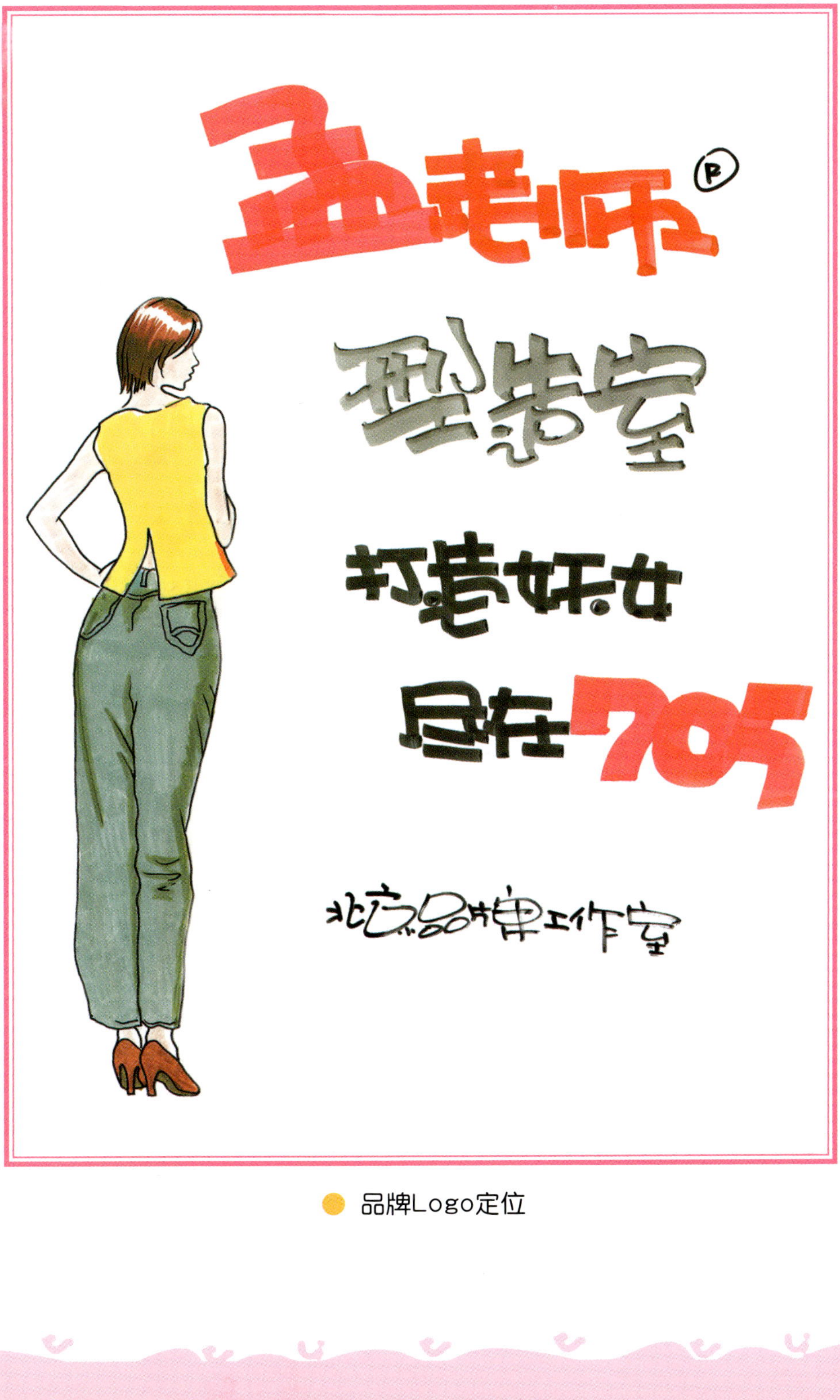
孟老师®
型发室
打造妖女
尽在705
北京品牌工作室

品牌Logo定位

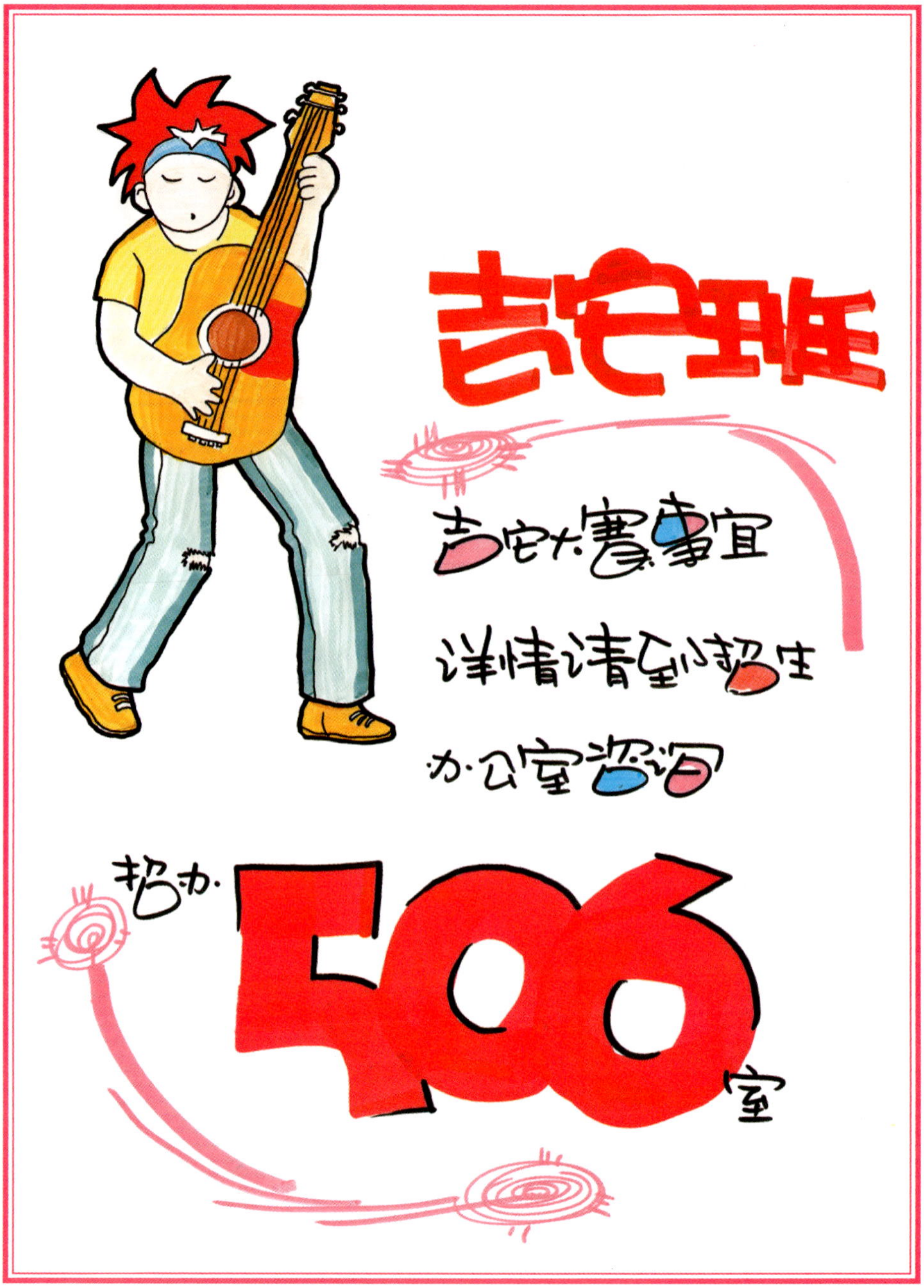
吉它班
吉它大赛事宜
详情请到招生
办公室咨询
招办
506
室

图文并茂“S”构图

插图诉求六

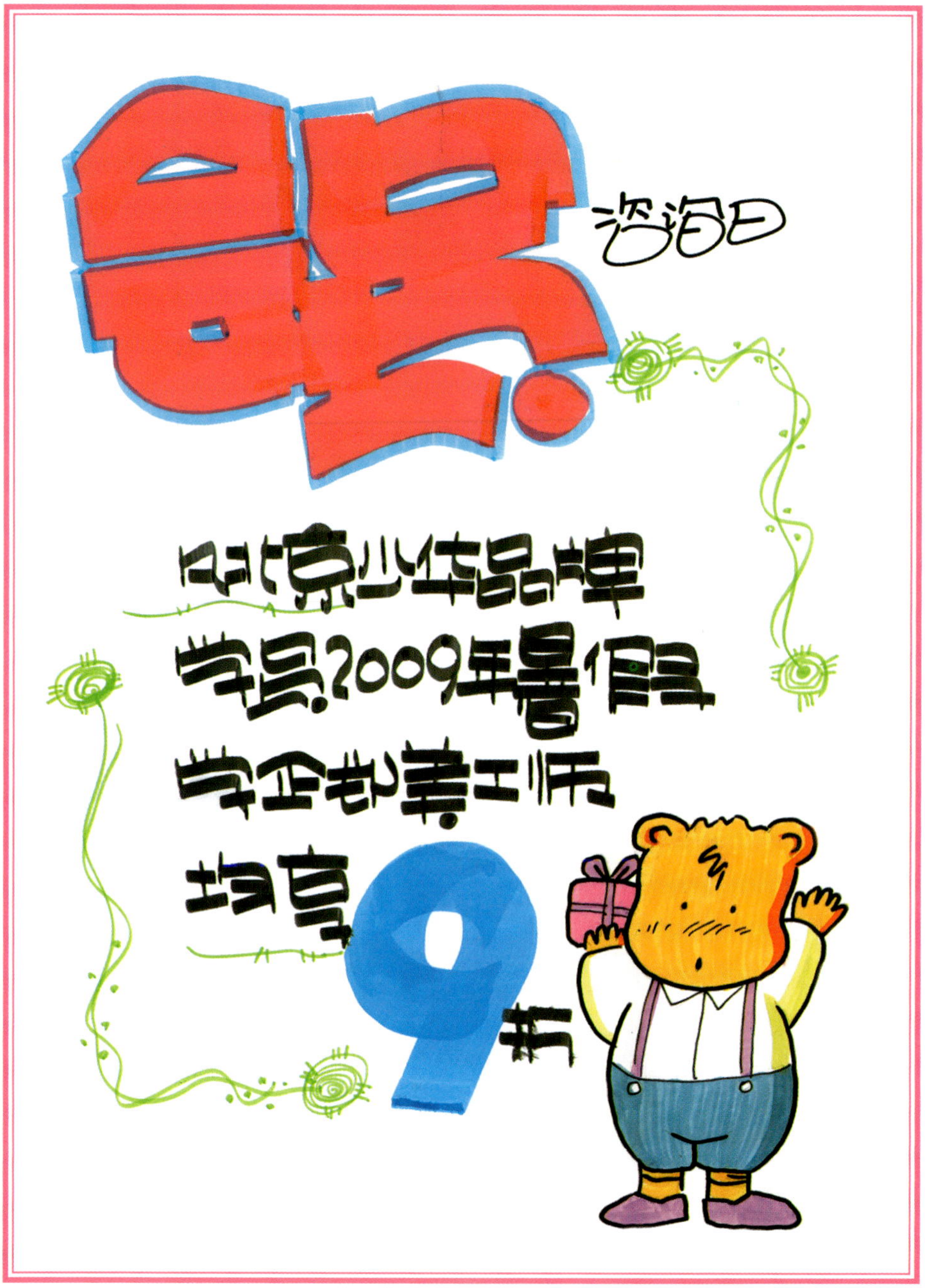
咨询日
北京少体品牌
学员2009年暑假
均享9折

标题定位

插图诉求七

第五篇 空间感的笔差案例应用

手绘POP

概述

在创造手绘POP作品时，由于设计的作品容易受到纸张尺寸和材质的限制，所以美工师要根据不同的纸张选用不同型号的麦克笔。如运用30＃、20＃、6＃等麦克笔创作时，设计师除了要从消费者的角度考虑阅读的笔差，还要考虑在绘画时根据空间笔差选择用笔的顺序对作品的影响。

1. 理性类的唯美型应用

视觉理性的12#、6#、4#麦克笔笔差应用

7#、6#麦克笔和勾线笔应用

12#麦克笔和勾线笔混合应用

诱惑视觉12#麦克笔和勾线笔混合应用

20#、12#、6#麦克笔混合应用

20#、6#、5#麦克笔笔差混合

20#、12#、6#、5#麦克笔笔差空间错位

2. 感性类促销刺激的笔差组合

感性诱惑视觉引导(6#麦克笔和勾线笔应用)

超写实为主的6#、3#麦克笔笔差练习

12#、4#麦克笔笔差混合应用

12#麦克笔和勾线笔为主动态插图诉求

7#麦克笔和勾线的笔差混合

12#、6#麦克笔和勾线笔的混合

7#、12#麦克笔视觉为主的主标题诉求

20#、6#、4#麦克笔价格诉求

3. 渐进式笔差习作

渐进式笔差错位练习

版式为主的渐进式

同色调笔差

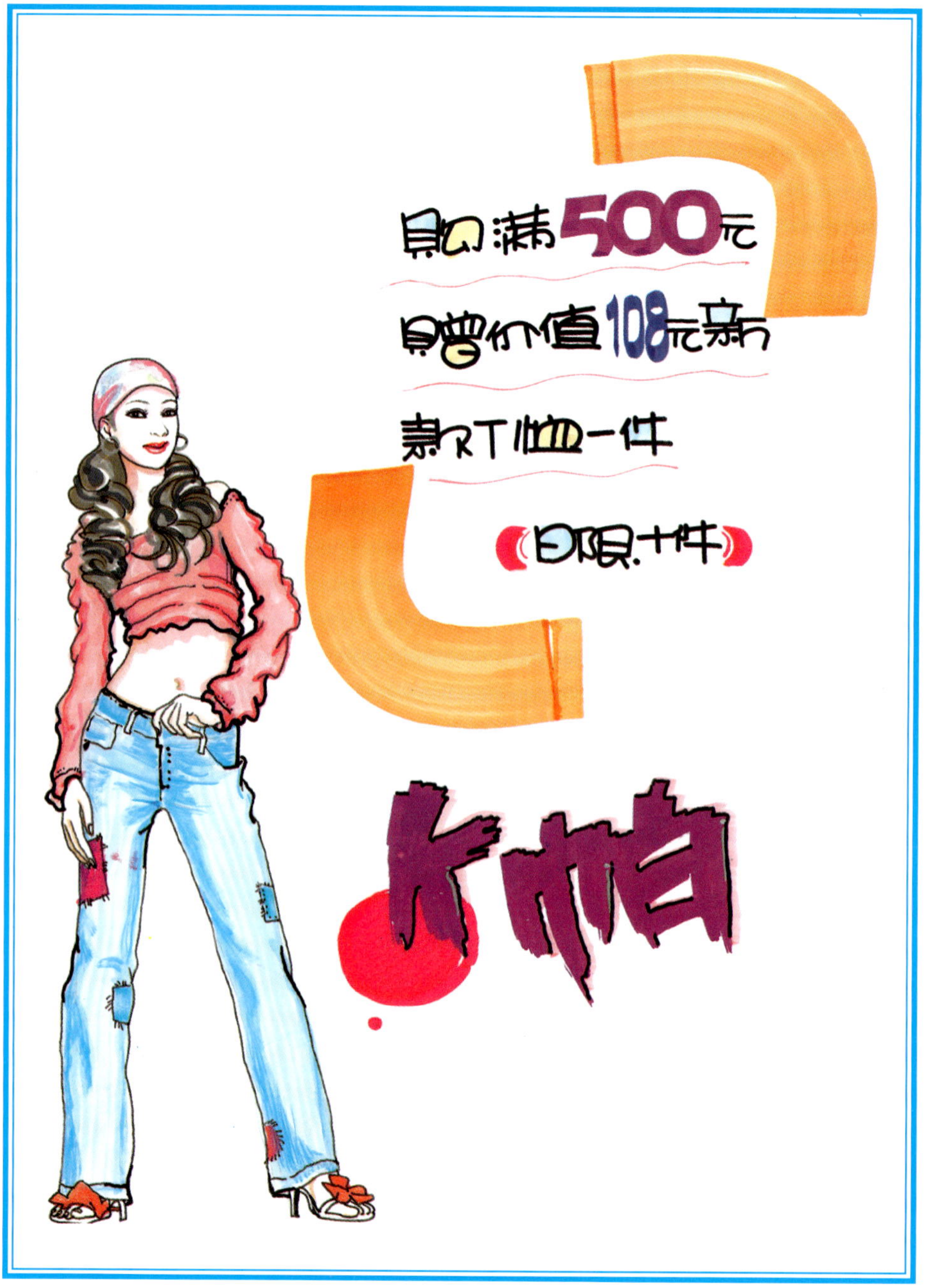
购满500元
赠价值108元新
款T恤一件
(日限十件)
卡帕

装饰为主的笔差

视觉定位为主的渐进式混合

视觉定位为主的渐进笔差

4. 梯减式笔差习作

6#、4#麦克笔笔差梯减式

6#麦克笔和勾线笔为主的梯减

6#麦克笔和勾线笔梯减

7#、6#、4#麦克笔构图梯减

5#麦克笔和勾线梯减

20#、12#、4#麦克笔和勾线笔混合梯减

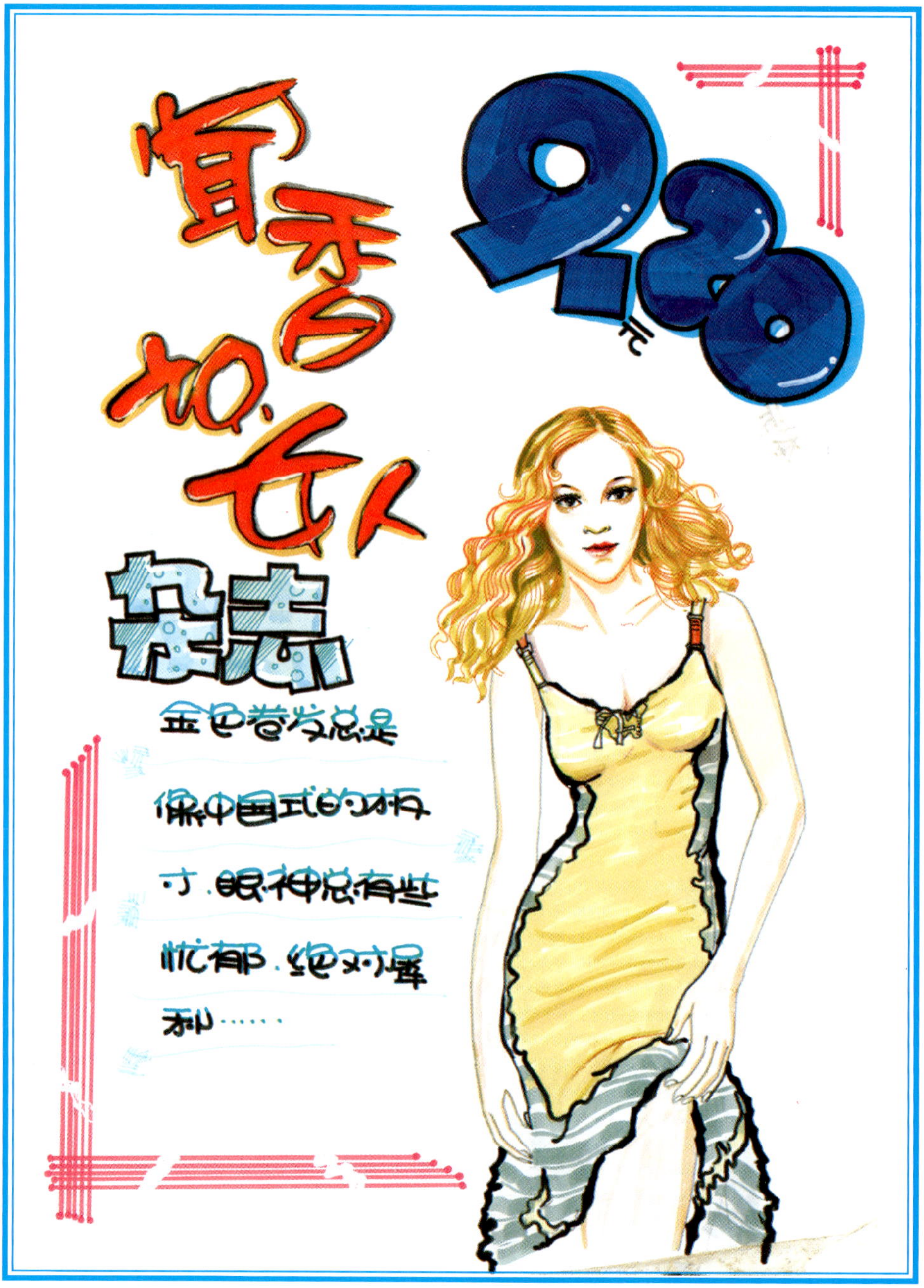
9.20元
宜香如女人
杂志
金色卷发总是
像中国式的标
寸，眼神总有些
忧郁，绝对犀
利……

20#、5#麦克笔和勾线笔梯减

6#麦克笔和勾线笔笔差应用

20#、4#麦克笔和勾线笔的梯减

6#、4#麦克笔和笔视觉引导式的插图定位

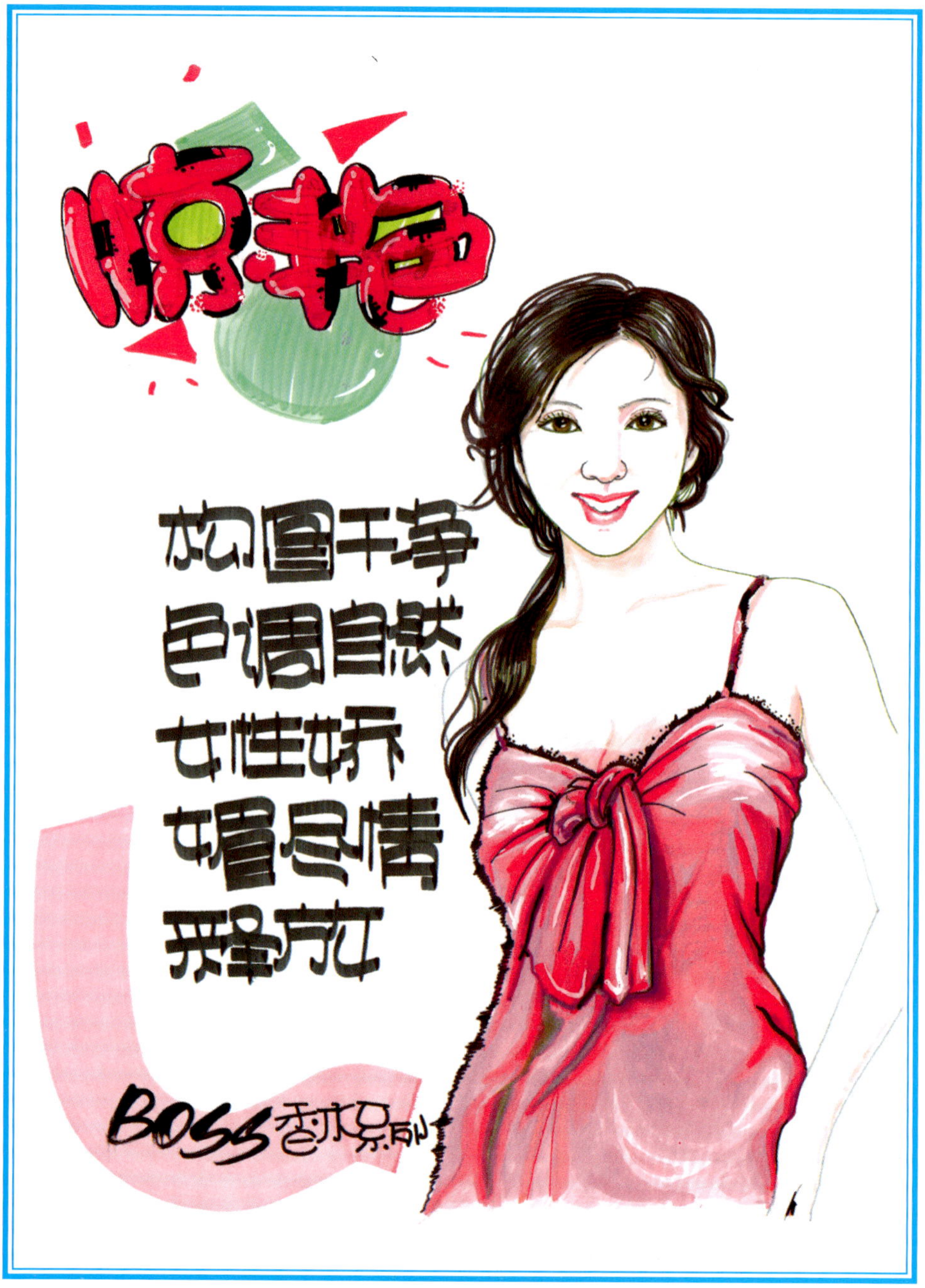
惊艳
构图干净
色调自然
女性娇
媚尽情
释放
BOSS香水系列

10#、4#麦克笔和混合递减

6#麦克笔、勾线笔、10#麦克笔的空间笔差梯减

编后语

北京"少华跑跑"POP培训机构历经十余年的全国布局及市场推广，真应了古语中"十年磨一剑"的人生格言。回顾这十余年的市场磨合，我一直在思考一个问题——什么样的POP书籍才是市场所需要的，才能大众化普及，能促进就业才是美工师所喜爱的？作为临时受命的首席专家（任命式）、国内POP第一人（北京晚报整版报道，2005年4月26日，北京晚报人才版领导对我8年POP推广、安置学生就业给出的评价），我甚感惶恐。在这段时间内，我和国家级POP专家考试委员会（2007年6月成立）的一批专家（在这个圈子里已经滚打磨合近三十年的几位同仁志士，论年龄、资历、市场经验定位，他/她们都是我的老师）都在为了这个自己热爱的事业和职业而奋斗。为促进POP的健康发展，便于POP流派的甄选，特别成立了国家级POP专家考试委员会，并将"少华跑跑"的POP风格作为基本的市场应试标准。

2005年开始，国家对手绘POP美工师进行资格考试，并以商业和艺术两种风格作为评判标准。

1．商业标准

规范，易读易认，字体美观大方，色彩符合时令，商品色彩应用有规律可循为前提，人群定位明确（感性定位），版式符合视觉阅读顺序（理性诉求），并促进商品销售。

2．艺术标准

字体要求：除符合商业标准外，还要在字体的结构，造型，重心，韵律及美感上，有审美变化特征和规律可循。

色彩要求：主要以色彩学（日本），色彩心理学等为评判依据。

版式要求：学生能否在几大版式的基础上，有举一反三的对同一幅作品产生四百多种变化类型的熟练技巧，并灵活运用。

定位要求：在创作POP定位海报前，要求学生主要以卖方和买方双重标准进行不同定位，应用创作和消费人群诉求准确定位。在定位人群和商品的角色互换地创作POP选题时，能够换位思考，一针见血地抓住感性和理性的创作点。

时间要求：艺术作品必须要在3小时内完成并达到创作要求，在3小时之内必须完成一幅实用性POP定位作品。

"少华跑跑"全国连锁都以艺术标准加上商业标准的双向标准进行评判，并综合市场需求现状，编著了这套适合市场的商业类手绘POP定位案例教材，这套教材除了作为POP考试评判标准用书外，在内容上还将不同风格和格调的作品奉献给读者。这套书是展示市场评判标准的考试教材，但在内容上我决不会用一种强加于市场及爱好者的权威式呈现给同行志士，而是将不同风格定位POP作品和另类的反季节呈现给大家。相信在许多实用性的规范案例中，绝对有大家喜欢的、喜爱的。

虽然说有的作品像儿童涂鸦，但要看张贴的场所和创作的对象及其创作的意图。不同年龄段的作品适合不同年龄人群；不同场所有不同的创作风格；不同行业有不同的人群定位需求。这就是我不能以一种字体和风格去强制大家来适应和推广的原因。

这套书历时近九年，书中作品是诸多学生在“少华跑跑”课程的基础上，以市场实用性为准进行创作的。其中，包括原作的复制品、临摹品、拍照作品。虽然不是我理想中的标准，但它们在市场上确实创造了销售业绩。“老板喜欢，消费者认可”，这就是我编本套书的目的。在本套书中，相信其中绝对有一幅风格和版式是你喜欢的。

手绘POP营销定位为大学生爱好与就业，乃至创业等提供了一套科学的POP营销理论平台，是得到市场认可和论证的理论依据和借鉴范本；是艺术和商业的完美互动；是为美术人才提供的又一发展方向与营销思路；是高校未来的大学生爱好与就业营销发展方向与艺术人才进入市场的最佳切入点。

付梓之际，要特别感激我的弟弟——郭德超，他在北京电影学院动画学院上学期间以及至今在北京电视台工作期间，利用业余时间给作品扫描、修图、整理，为这套书的编写提供了极大帮助。同时，要感谢这套书编写过程中给予指导的诸位领导和老师及单位：

中央电视台李雪莲女士

台湾凤妃堂总裁林俊鹏先生

美国麦格罗希尔CEO范文仪教授

日本JVC总裁原口健治，张英然先生

北京蟹岛国际集团总经理张胜东先生

新感觉外企集团CEO邹悦先生

中国文化管理学会学长汪建德先生

北京少华跑跑中原六省CEO肖凤仙女士

北京少华跑跑电脑培训中心负责人王跃先生

北京少华跑跑影视化妆外企培训中心负责人孟成先生

河南黄淮学院秦高峰先生

河南商业高等专科学校艺术系

河南牧专高等专科学校朴可、张鹏先生

河南工业大学艺术设计学院

武汉大学王东先生

武汉市第一专科学校王建华主任（工艺美术系）

这套书编撰人员还有蔡华国、王妍、侯春艳、王子吟、金燕、侯启月、郑佳、云素民、郭德超、王芳、王建华、王玥、卞美珍、朱娜、兰燕、肖凤仙、赵海铃、岳俊禹、郭建叶、王守阳、黄桃玲、李红、王茹、张苏、王跃、姚文、高学军、田伟辉、张萍、李娟娟、巩云芳、马燕群、兰平、王万里、李永娟、张亚楠、王庆楠、姜莲、郭婉君、伊中才等。

这套书在策划过程中，六大教学区的负责人为这套书提供了很多优秀的习作，以供征选，在此表示真诚的感谢！他们是：

郑州二七教学区　肖老师

金水教学区　郑老师

洛阳教学区　侯老师

南阳教学区　王老师

驻马店教学区　焦老师

平顶山教学区　吴老师

王少华

2009年12月2日

艺术设计专业手绘POP系列丛书

《手绘POP人物技术基础》是学习手绘POP的入门教材之一，为学生在实际工作中的创作提供了一些实用销售的定位作品；是从艺术到商业市场化、职业化的POP定位构成的入门书籍。

《手绘POP美女定位》是手绘POP人物技术基础方面的营销定位教材，在以人为导向的消费理念中，人物插图（美女）的商业价值也就很好地在本书中得以体现；也是动画原创造型的入门教材。

《手绘POP标题定位》是列于美女定位之后的手绘POP创作的专业教材，又是从艺术到商业市场化的过渡的入门教材。

《手绘POP人物插图》通过插图和标题在POP版面中的位置关系，来讲解不同行业的手绘POP作品的插图和标题是如何应用与变化的。本书是对美女定位和标题定位的补充与进一步的讲解。

《手绘POP创意标题应用》插图与标题二者是相互协调和对比的关系，在创意标题应用中，只有在插图与标题之间的强调与弱化的创作方式中，才能做好二者的空间诉求差，才能更好地进行商业展示。

《手绘POP价格字体设计》价格定位是列于插图和标题之后的大众化市场营销定位，是容易产生审美疲劳的感性营销策略，是理性标题和插图定位的前奏。

《手绘POP字库》在强调手绘POP（感性和理性）实用性和艺术性的同时，如何写好汉字和掌握其变化规律，是创作手绘POP的前提，而本书是对前六本书的结构和布局所存在不足的弥补。

《商业美工师手绘POP案例教程》在对POP定位构成因素了解后，又为学生提供了一个具体的实战案例素材。是市场实践的演练；是学生在走入实际工作时找准创作定位的教材。

《商业策划美工师手绘POP案例教程》学生在对以上几本书的内容掌握和演练的前提下，可对比商业定位案例，学会商业定位的案例教材，从而提高学生的策划活动能力。

《商业企划美工师手绘POP案例教程》在对商品定位活动的策划熟练掌握之后，学会如何使企业的商品市场更加规范化的扩张和复制的指导教材；是由美工师、策划主管到企划总监的逐步规划和提升自我的过程，也是由案例的策划定位到自我人生价值的策划和定位的案例教程。